社長の“悩み”を解決！

家族経営の法律・税金Q&A

〔編集代表〕 弁護士 **住田昌弘**／税理士 **松岡章夫**

〔編集〕 **センチュリー法律事務所**

ぎょうせい

はしがき

本書は、家族中心で事業を経営されている中小、中堅企業の50代後半から80代の社長や社長のご家族と役員、従業員、そして、経営者の良き相談相手となっている士業の皆様を第一のターゲットとして企画された書籍です。高齢者問題について、中小、中堅企業の立場から光を当てるとともに、喫緊の重要課題とされる中小、中堅企業の事業承継に関する法律・税金に関する課題をQ&A形式で分かり易く整理し、解説した書籍です。

そして、第二のターゲットは、高齢者一般の皆様やご家族の皆様です。人生100年時代と言われるようになり、長期化している人生の終盤戦をいかに賢く生きてゆくかが問われる時代になっています。年齢とともに後退する頭脳と肉体を正しく受け入れて、終活を考えなければなりません。大きな問題としては、保有財産を適切に管理・活用して、安定した老後を過ごすにはどのような対処が必要か、生前に遺産の配分と相続税の支払を含む相続問題の処理をどう解決しておくかなど、人生の終盤戦の法律課題や税務課題は、決して少なくありません。

さて、「第１章　高齢者・認知症と法律・税金」では、認知症と銀行取引や不動産取引の問題、資産家親族が認知症進行前にしておくべきこと、認知症対策に活用できる信託制度についてなどに関する記載があります。

「第２章　成年後見と法律・税金」では、企業と意思能力に疑義のある人との取引、高齢者を雇用するときの注意点、企業が後見人、保佐人、補助人が付されている人と取引する際の注意点などが述べられております。

「第３章　後継者（子ども・親族）引き継ぎと法律・税金」では、生前に会社を承継させる方法、子どもに会社の経営を譲りつつ重要事項について意見を言える仕組みの作り方、子どもに会社を承継させたいが、会社が過大債務を負っている場合の対処策、会社債務を連帯保証している親について経営者保証ガイドラインで保証債務を減らせるかなどの記載もあります。

「第４章　事業承継と法律・税金」では、事業承継税制の内容、非上場株式の集約と株式評価、事業を第三者にM&Aをする際の買取先の探索、M&Aの手順、税務などに加え、信託の事業承継での活用法、不動産と非上場株式の相続対策についても解説しています。

「第５章　相続・遺言と法律・税金」では、相続と遺言の基礎知識に始まり、2018年（平成30年）の遺言、特別受益や寄与分などに関する改正、同改正で新設された配偶者居住権、遺言と遺留分の問題、限定承認と相続放棄、遺産分割の手続などに関する論点について記載されています。

本書が皆様のお悩みの解決の一助となる書籍として、ご活用いただければ、誠に幸いでございます。

令和２年２月

弁護士

住　田　昌　弘

税理士

松　岡　章　夫

目　次

第４章　事業承継と法律・税金

第5章　相続・遺言と法律・税金

凡　例

◎本書で示した裁判例については、次の略称を用いています。

◆「判決」⇨「判」、「決定」⇨「決」、「審判」⇨「審」

◆裁判所名

大審院 ⇨ 大
最高裁判所 ⇨ 最
○○高等裁判所 ⇨ ○○高
○○地方裁判所 ⇨ ○○地
○○家庭裁判所 ⇨ ○○家
○○支部 ⇨ ○○支

◆判例集出典略語

大審院民事判決録 ⇨ 民録
最高裁判所民事判例集 ⇨ 民集
家庭裁判月報 ⇨ 家月
判例時報 ⇨ 判時
判例タイムズ ⇨ 判タ
金融・商事判例 ⇨ 金判
金融法務事情 ⇨ 金法

第１章
高齢者・認知症と法律・税金

Q１　母の認知症が進行すると、金融機関の預金の引き出しや送金ができなくなる場合があると聞きましたが、そのような場合どう対処すれば良いのでしょうか。

◆認知症が進行すると預金引き出しができなくなる根拠
◆預金が凍結された場合の対応

A　１　認知症が進行すると何故預金の引き出しができなくなるのか

認知症が進行すると、金融機関の判断で預金が凍結され、引き出しや送金などの金融機関取引が一切できなくなる場合があるという事実は、社会一般に随分知れ渡ってきました。新聞報道でも「認知症患者、金融資産 200 兆円にマネー凍結リスク」との表題で、預金の凍結を防ぐ知恵を官民で結集する必要がある旨が記載されています（日本経済新聞電子版 2018 年８月 26 日）。認知症により金融機関の預金が引き出せないという事態は、今後重要な社会問題になっていくことが想定されています。

この金融機関によって預金が凍結される点で、まず注意しなければならないのは、金融機関預金の引き出しや送金ができなくなるケースは認知症に限られないということです。

認知症とは、一般的には、脳の病変によって、記憶を含む複数の認知機能が後天的に低下し、社会生活に支障をきたすようになった状態を意味しています（赤沼康弘ほか『Q＆A 成年後見実務全書第１巻』46 頁（民事法研究会、2015 年）以降に認知症のり患原因や症状について詳細に記載されています。)。しかしながら、前述した認知症に限らず、預金者が脳腫瘍、てんかんによる障がい、統合失調症、アルコール依存等の疾患、精神障がい等により事理弁識能力（意思能力）が低下した場合にも金融機関の預金の引き出しや送金等の金融機関取引ができなくなることになります。認知症ゆえに金融機関取引ができなくなるのではなく、何らかの精神上の障がいによって事理弁識能力（自分の行為を正しく認識し、これに基づいて正しく意思決定をする精神能力。東京地判平成 17 年９月 29 日判タ 1203 号 173 頁では意思能力として定義付けています。）が低下してしまうと金融機関取引ができなくなるという点が重要になります。

では、なぜ事理弁識能力が低下した場合に金融機関取引ができなくなってしまうのでしょうか。この点、法律行為を有効に行うためには当該行為を行う人物に事理弁識能力（意思能力）が必要であるという民法の大原則が大きな要因となっています。すなわち、法律行為を行うにあたり、自分の行為を正しく認識し、かつ、これに基づき正しく意思決定できる能力が存しない人物の行為は、法律行為を行うための前提を欠く行為であり無効とされることになります。以前までは意思能力の原則について特に民法に明示的な定めが設けられていませんでした。しかしながら、2017 年改正民法では、民法３条の２を創設し、「法律行為の当事者が意思表示をした時に意思能力を有しなかったときは、その法律行為は、無効とする」と意思能力について明記されました。なお、意思能力の節の施行日は平成 32 年［令和２年］４月１日とされています（ 安達敏男ほか『徹底解説民法改正〈債権関係〉』１頁（日本加除出版、2016 年)。

法律行為を有効に行うために意思能力が必要であるということは、意思能力の不十分な方と法律行為を行う相手方は当該法律行為が無効になってしまうのではないかというリスクを負うことを意味します。具体的には、当該法律行為が無効になると、「取り消された行為は、初めから無効であったものとみなす。ただし、制限行為能力者は、その行為によって現に利益を受けた限度において、返還の義務を負う」と定める制限行為能力者の取消しに関する民法121条の規定が類推適用されることになります。

その結果、意思能力の低下した預金者と法律行為を行った金融機関としては、預金の払戻しが無効になっても、当該預金者から「現に利益を受けた限度」でしか返還を受けることができなくなるというリスクを負うことになります。なお、私人が意思無能力者に金銭を貸し付けた事案において、「意思無能力者に利得が現存しないことについて、事実上の推認が働く」と判示している判例も存することを考慮すれば（仙台地判平成5年12月16日判タ864号225頁）、金融機関が払い戻した金員の返還を一切受けることができないという事態も想定されることになります。

それゆえ、金融機関としては、事理弁識能力が低下した預金者との間の取引にはリスクが存するため、このような預金者からの預金の引き出しや送金等の取引に応じることが難しいことになります。

次に、金融機関は、預金者に事理弁識能力があるのかどうか（預金の引き出しや送金に応じて良いかどうか）についてどのように判断しているのでしょうか。

因みに、2009年（平成21年）6月1日に施行された改正道路交通法では、75歳以上の高齢者が免許を更新する場合に講習予備検査（認知機能検査）を受けることが義務付けられました。2017年（平成29年）3月12日施行の道路交通法改正では認知機能検査で「認知症のおそれがある」と判定された場合には、医師の診断を受けることが義務付けられ、診断の結果認知症であることが判明した場合には免許取消等の対象となっています。

これに対して、金融機関の事理弁識能力の判断は、金融機関ごとのマニュアルに基づいて行われていると思われます。具体的には、①金融機関に来訪した際に何回も同じ話を繰り返すといったような顧客の言動、②払戻請求書に押印する届出印を何度も間違える又は毎日金融機関に来店する等といった顧客の行動などから、認知症の可能性のある顧客をリスト化し、当該顧客が来店した際には、複数の職員で話を聴き取り、事理弁識能力の存することの判断を慎重に行うということが一般的に行われているようです。その結果、顧客の事理弁識能力に疑いが生じた場合には、当該顧客の同居の家族と面談して当人の健康状態を確認したり、医師の診断書を求めたり、必要に応じて成年後見制度の利用を促すといった取扱いを行っている金融機関が多いようです。実際の金融機関の業務では、窓口において道路交通法が定めるように認知機能検査を行うなどの明確な基準が存しないことから、顧客やその家族への対応に苦慮している実態がうかがわれます（栗嶋昭好『金融機関役席者のための高齢者応対相続・事務手続の基本』２頁（きんざい、2014 年)。「農林金融 2013.12」。「不適切投信、郵便局でも高齢者の健康確認せず」（日本経済新聞電子版 2019 年９月 12 日))。

２　金融機関の預金が凍結された場合の対応

金融機関が預金を凍結する理由は前述のとおり、預金者の事理弁識能力に問題があると判断している点にあります。そうであれば、預金が凍結された預金者やその家族がとる手段としては、預金者に事理弁識能力が存することを証明すれば良いということになります。預金者に事理弁識能力があるかどうかは、外見からは客観的な判断ができないことから、精神科の医師に診断してもらう必要があります。事理弁識能力があるかどうかは、一般的には、長谷川式認知症スケール、ＭＭＳＥ、脳の萎縮また損傷の有無の画像診断、知能検査などを通じて判断されることになります。この診断の結果、「契約等の意味・内容を自ら理解し、判断することができる」といった診断結果が出れば、当該診断書を提出して金融機関と再度交渉する余地があると思われます。

なお、預金債務は取立債務であり、適法な権限や能力がある者から預金払戻請求があれば適法な取立行為があったと評価できると解されています。そのため、適法な取立行為後に金融機関が預金の払戻しに応じない場合には、払戻請求の翌日から金融機関は履行遅滞となったと認められます（福岡高判平成 27 年２月 12 日判時 2260 号 52 頁)。それゆえ、預金者に事理弁識能力がある旨の診断書を提示して、当該提示にもかかわらず金融機関が預金の払戻しに応じない場合には、履行遅滞の責任が金融機関に生じることも考えられます。

医師による診断書を取得したものの、預金者の事理弁識能力に疑いがある場合には、預金者の住所地の家庭裁判所に対して成年後見等の申立てを行い、成年後見人等を選任し、当該成年後見人等を通じて金融機関からの預金の引き出し、送金等の手続を行ってもらう必要があります。

３　設問のケース

設問のケースは、母の認知症が進行し、金融機関が預金の引き出しに応じてくれなかった事案です。このような事案では、医師から診断書を取得して母親の事理弁識能力について確認し、金融機関との間における預金取引再開の交渉または成年後見制度を利用して預金取引を再開できるように対応していく必要があります。

なお、民法９条ただし書は「ただし、日用品の購入その他日常生活に関する行為についてはこの限りではない」として、成年被後見人の法律行為であっても日常生活に関する行為について取消行為の対象から外しています。金融機関の判断によりますが、成年後見制度利用までの日常生活費については、引き出しを事実上認める金融機関も散見されます。

日本経済新聞電子版 2019 年９月３日では、本人の認知症の診断書が提出された段階で制限が発動し、事前に指定した代理人が資産を管理する金融商品を販売するとの報道がなされています。今後は、預金の引き出しができなくなる前の対策がとても重要になります。

Q2　入院中の父の医療費が高額なため、父所有の土地を売却しようと思います。長男の私が、父の代理人になり父の土地を売却することは可能でしょうか。

◆代理権の授与と意思能力
◆個別取引について代理権を授与
◆財産管理契約に基づく売買
◆後見等

A

1　はじめに

お父様（以下、「父親」といいます。）に意思能力が十分あり、あなたに代理権を与えることができるような状態であれば、父親から土地売却に関する代理権をあなたに与えてもらうことにより売却が可能です。代理権の与え方としては、個別の土地売買契約ごとに代理権授与してもらう方法や、土地の財産管理契約を締結し、契約の中に土地を処分する権限をあなたに付与しておく方法が考えられます。

2　代理権の授与と意思能力

意思能力とは、自らの行為の意味を理解・判断する能力です。意思能力がない者がした行為は無効となります（大判明治38年5月11日民録11輯706頁）。

意思能力の有無は、画一的・形式的な基準ではなく、個々の具体的な法律行為について、当該事実関係の下に、行為者の年齢・知能などの個人差を考慮して、実質的・個別的に判断されますが、具体的には、法律行為の内容、表意者の年齢、知能程度、健康状態、その意思表示がされるまでの経緯、どのような状況でその意思表示がされたか、相手側の事情など、すべての事情を総合的に考察して判断されています。

父親に判断能力があるかどうかあいまいな場合には医師の診断書をとるなどして、代理権を授与した時点で父親に意思能力があったことの証拠をとっておくと後日意思能力を争われた時に有効になります。登記を申請する司法書士は父親にお会いして意思を確認しますが、取引直前であることが多いと思いますので、仲介業者の方にもあらかじめ父親にお会いいただき意思を確認してもらっておいた方がいいでしょう。

３　個別取引について代理権を授与

個々の取引ごとに父親からあなたに土地売買について代理権を授与してもらい、売買をすすめることが可能です。この場合、代理権を授与してもらったことの証明として父親に委任状を作成してもらう必要があります。

委任状には、どの不動産（土地）を売却する権限があるのかを明確にするため不動産（土地）を特定しておくことが重要です。さらに不動産の特定のほか、代理人にどのように売買する権限が与えられているかも父親と確認しておくことが重要となります。いったん、代理権を授与したと表示すると、仮に代理人がその権限を越えて代理行為を行った場合でも「代理権があると信ずべき正当な理由がある」第三者に対しては、代理権を授与した者（父親）は責任を負うことになるからです（民法109条２項、同110条）。どのような条件で売却するのかについて父親との間で確認しておかないと、後で父親との間でそんな価額で売るつもりはなかったなどと紛争になるかもしれません。従って委任状には、売却すべき不動産を特定することの他に、どういう条件で売却を認めるか、契約書で特に決めておくことはないか等について、父親としっかり話して記載すべきことを決めることが肝要です。

委任状で権限を明確にしておくことは、あなたにとっても重要になります。というのは、あなたが代理権を証明できない場合に損害賠償等の責任を負う場合があるからです（民法117条）。

不動産売却委任契約書

甲乙は、後記不動産の売却について、次のとおり委任契約を締結する。

第１条　甲は乙に対し、甲所有の下記不動産を甲の代理人として、売却すること及びこれに関連する一切の行為をすることを委任し、乙はこれを承諾した。

記

１．土地　東京都杉並区○町○丁目○番地　○○・○○平方メートル

２．建物　同所同番地所在

木造瓦葺平家建居宅　床面積○○・○○平方メートル

第２条　乙は、前条の不動産を、令和○年○月○日までに、総額金○○○万円以上で売却するものとし、同日までに売却できなかったときは、本契約は当然に終了し、乙は遅滞なくその旨を甲に通知する。

第３条　委任事務処理に要する費用は、甲の負担とし、売却時もしくは売却終了後速やかに支払う。

本契約の成立を証するため本証書２通を作成し、各自署名捺印の上、各１通を保有する。

令和○年○○月○○日

甲：住所　○○

氏名　○○　○○

乙：住所　○○

氏名　○○　○○

４　財産管理契約に基づく売買

個々の取引ごとに売買の代理権を付与してもらうほかに、父親との間で、不動産等の財産管理を任せてもらう契約をして、その条項の中に一定の場合に管理している財産である不動産を売却することの権限をあなたに与えてもらうことによって、父親所有の土地を売買することも考えられます。この財産管理契約は公正証書（登記の申請に関する事項等を記入しておく）によって締結すると、所有権移転登記の際の委任情報

（当該代理人の権限を証明する情報）とすることができます（登記研究744号121頁）。委任情報には登記義務者の印鑑証明書の添付が必要となりますが（不動産登記令18条２項）、公正証書が委任情報として認められた場合には、不動産登記規則49条２項２号の趣旨に照らして、登記義務者の印鑑証明書の添付は不要とされています。どのような内容が公正証書に記載されるべきかについて、上記登記研究では、要件は民法の委任の規定（民法643条以下）に従うことになるが、登記実務上は、不動産取引の安全等を図る観点から、登記申請に係る委任があったこととその内容が明らかにされていることが必要であると説明しています。そして委任事務の内容として「不動産の保存、管理、変更及び処分に関する事項」及び「登記の申請に関する事項」が掲げられ、これらの事務について「受任者は委任者の個別の委任を要せずして一切の行為をすることができる」ことが記載されているものについて委任された法律内容が明らかにされているとしていますので、これらの事項が財産管理契約に盛り込まれることが必要です。

5　後見等

父親に意思能力がない状態であれば、代理権を授与してもらうことはできませんので、不動産を売却する必要がある場合には、家庭裁判所に後見の申立てをして、成年後見人を選任してもらい、成年後見人が成年被後見人に代わって不動産を売却してもらうことになります。ただし、居住用財産の売却には家庭裁判所の許可が必要となってきます。後見等については、詳しくは第２章を参考にしてみてください。

Q3　会社経営をしている父親が認知症にかかってしまいました。成年後見という制度があると聞いたのですが、どのような制度ですか。

◆法定後見制度と任意後見制度
◆成年後見制度のメリットとデメリット

A

1　法定後見制度と任意後見制度

成年後見制度とは、事理弁識能力が不十分な方（認知症高齢者、知的障がい者、精神障がい者等）を保護するための制度のことを意味しています。この成年後見制度は、大きく分けて法定後見制度と任意後見制度の２つに分類することができます。

まず、法定後見制度についてですが、民法上に申立権者や保護の内容が定められている後見制度のことを法定後見制度と言います。法定後見制度の類型としては、本人の事理弁識能力の程度に応じて後見（対象者は「精神上の障害により事理を弁識する能力を欠く常況にある者」民法７条)、保佐（対象者は「精神上の障害により事理を弁識する能力が著しく不十分である者」民法 11 条)、補助（対象者は「精神上の障害により事理を弁識する能力が不十分である者」民法 15 条）の３類型に細分化されます。

他方、任意後見制度は、「任意後見契約に関する法律」(平成 11 年法律第 150 号）に基づき、本人と任意後見人候補者との間において、将来どのような行為を任意後見人候補者に行ってもらうかを公正証書による契約で予め定めておく制度のことを言います。任意後見制度は、本人の事理弁識能力低下後に行って欲しいことを契約で予め定めることができる点で、法定後見制度に比べて本人の意思をより尊重した制度であると言われています。

次に、事理弁識能力が不十分な方がなぜこの成年後見制度を利用する必要があるのでしょうか。この点については、法律行為を有効に行うためには事理弁識能力（自分の行為の結果を正しく認識し、これに基づいて正しく意思決定する精神能力。東京地判平成17年９月29日判タ1203号173頁では意思能力として定義付けています。）が必要であるということが大きな原因となっています。

法律行為を有効に行うために意思能力が必要であるということは、意思能力の不十分な方と法律行為を行う相手方は当該法律行為が無効になってしまうのではないかというリスクを負うことを意味します。具体的には、当該法律行為が無効になると、「取り消された行為は、初めから無効であったものとみなす。ただし、制限行為能力者は、その行為によって現に利益を受けた限度において、返還の義務を負う」と定める制限行為能力者の取消しに関する民法121条の規定が類推適用されることになります。なお、返還対象となる「現に利益を受けた限度」の範囲については、資産を散逸した意思能力を欠く者には現存利益が存しないと判断した判例も存します（関沢正彦ほか『高齢者との金融取引Q＆A』45頁（金融財政事情研究会、2008年）。それゆえ、意思能力を欠く者と法律行為を行ってしまった場合、取引の相手方は何も返還を請求できなくなってしまうリスクを負うことになります。

そこで、本人を保護するとともに、相手方の取引の安全を確保するため、意思能力が低下した方が法律行為を行うためには、成年後見制度の利用が不可欠になります。

なお、最高裁判所による成年後見制度に関する統計では、法定後見制度の申立ての動機として「預貯金等の管理・解約のため」が全体の約42パーセントを占めています。「本人の不動産の処分のため」が全体の約9.3パーセント、「相続手続のため」が全体の約8.4パーセントとなっており、事理弁識能力が低下した人が金融機関の預貯金の引き出し等の法律行為を自ら有効に行うことができなくなり、法定後見の申立をせざるを得なくなったという実態が明らかにされています（成年後見関係事件の概況；平成30年1月から12月、最高裁判所事務総局家庭局ホームページ)。

設問のケースでは、父親が既に認知症にかかってしまっているとのことです。しかしながら、認知症にり患したとしても、父親にどの程度の意思能力が存するかどうかの判断はなかなか容易ではありません。このような場合には、父親の意思能力に関する診断書を医師から取得して父親の意思能力の有無を判断していくことが出発点になります。医師の診断の結果、父親に意思能力があると判断された場合には任意後見制度や法定後見制度の保佐や補助の利用を検討する余地があると言えます。他方、父親が意思能力を欠くと判断された場合には、法定後見制度の後見開始申立を検討していかざるを得ないことになります。

なお、東京家庭裁判所では、平成28年4月8日に成立した「成年後見制度の利用促進に関する法律」(平成28年法律第29号)、及び、同法に基づき平成29年3月24日に閣議決定された「成年後見制度利用促進基本計画」を踏まえて、平成31年4月1日から、法定後見制度の申立ての際に添付することを要する診断書の書式が、医師による医学的判断の結果をより適切に記載できるように改訂されました。さらに、本人の生活環境等を的確に反映した診断を医師が行うことができるように、新たに法定後見制度の申立て段階で「本人情報シート」を作成することを福祉関係者に要請することになっています。今後、医師の診断書を取得することで本人の意思能力の状態をより精緻に判断されることが期待されます。

2　成年後見制度のメリットとデメリット

法定後見制度には、本人の財産管理を後見人等が行うとともに（民法859条他)、本人の意思を尊重した身上配慮を行うことで（民法858条他)、本人の権利擁護を図るといった重要なメリットがある点については疑いようのない事実であると言えます。

しかしながら、法定後見が開始することによって、本人がデメリットを被るのではないかと受け取れる事実も存在します。法定後見制度の利用の検討にあたっては、法定後見制度にもデメリットがあることを十分に理解しておく必要があります。

まず、後見開始となった場合、成年被後見人である本人の医師等専門資格等の就業資格の喪失（医師法３条、７条)、会社の取締役、監査役等の資格喪失（会社法 331 条１項２号、335 条１項）が規定されています。法定後見制度の利用に伴う資格制限については、成年被後見人が選挙権を有しないと定めた公職選挙法の規定について無効であると判示した東京地判平成 25 年３月 14 日判時 2178 号３頁が出されています。その後、このような成年後見制度の利用に伴う規制は不合理ではないかといった議論がクローズアップされるようになりました（大口善徳ほか『ハンドブック成年後見２法』(創英社／三省堂書店、2016 年）20 頁では、200 以上の欠格条項が平成 12 年法改正以降残存していた旨が指摘されています。)。そこで、法定後見制度をより使い易くする制度に改める必要があるとの観点から、令和元年６月７日、成年後見制度を利用した人が公務員や法人役員の資格や地位を失う各種法律の欠格条項を原則として削除する「成年被後見人等の権利の制限に係る措置の適正化等を図るための関係法律の整備に関する法律」(以下、「欠格条項削除法」といいます。）が参議院本会議で可決成立しました（日本経済新聞電子版 2019 年６月７日)。この欠格条項削除法が施行されれば、原則として欠格条項を削除し、制度利用者を個別に審査し、職にふさわしい能力の有無を判断する「個別審査規定」に改められます。この点、法定後見制度の利用に伴う資格欠格の取扱いが画一的に判断される弊害は無くなりましたが、法定後見制度の利用には、依然として資格欠格とされるリスクが存することを十分認識しておく必要があります。

また、流動性預金を 500 万円以上保有している本人が後見開始となった場合、成年後見人等の不正を防止する観点から、家庭裁判所から後見制度支援信託の利用を打診されることがあります（なお、保佐、補助では後見制度支援信託の利用が出来ません)。この後見制度支援信託(東京家庭裁判所の後見センターのホームページでは、信託設定の代わりに金融機関の預金や貯金を後見制度支援信託と同様の仕組みとして機能させる制度である「後見制度支援貯金」制度の運用も開始されています。)は、日常的な支払いをするために必要十分な金銭を預貯金として後見人が管理し、通常使用しない金銭を信託銀行等に信託設定する仕組み(信託財産の払戻しには家庭裁判所の指示書が必要となる仕組み)のことを言います。後見制度支援信託では、本人名義の既存の個々の預貯金を解約して新規に信託設定を行う点で、ご本人が自身の預金口座を指定して個々の家族に相続させる旨の遺言書を残していた場合には、その内容を無に帰するデメリットを孕んでいる制度であると言えます。なお、平成29年1月から12月までの1年間に利用された後見制度支援信託の信託財産額は約1460億300万円に上っています(後見制度支援信託の利用状況等について;平成29年1月から12月、最高裁判所事務総局家庭局ホームページ)。

上述したような法定後見制度とは異なり、任意後見制度においては、資格制限等のデメリットが特段規定されていません。任意後見制度が本人の意思決定を尊重した枠組みになっている証左と言えます。

3　設問のケース

設問のケースでは、父親は会社の経営者であることから、法定後見が開始する場合には、欠格条項削除法の施行日により取締役の資格欠格事由ないし個別審査規定により取締役等でいられるかどうかが判断されることになります。取締役でなくなると取締役報酬等の定期的な収入が無くなってしまうことから注意が必要となります。また、父親に500万円以上の流動性預金がある場合には後見制度支援信託が適用される可能性があります。父親が遺言を作成していた場合には、法定後見が開始した後、後見制度支援信託を利用するのかどうか慎重に決める必要があります。

Q4　資産家の父が高齢になり、認知症が心配です。認知症が発症する前にしておくべき対策はありますか。

◆任意後見制度とその限界
◆家族信託とその限界
◆遺言

point!

A

１　認知症が発症する前に対策をしておく必要性

法律行為を有効に行うためには当該行為を行う人物に事理弁識能力（自分の行為の結果を正しく認識し、これに基づいて正しく意思決定する精神能力。東京地判平成17年９月29日判タ1203号173頁では意思能力として定義付けています。）が必要であるという民法の大原則があります。すなわち、法律行為を行うにあたり、自分の行為を正しく認識し、且つ、これに基づき正しく意思決定できる能力が存しない人物の行為は、法律行為を行うための前提を欠く行為であり無効とされることになります。

設問に記載がある認知症とは、一般的には、脳の病変によって、記憶を含む複数の認知機能が後天的に低下し、社会生活に支障をきたすようになった状態を意味しています（赤沼康弘ほか『Q＆A成年後見実務全書１巻』46頁（民事法研究会、2015年）以降に認知症のり患原因や症状について詳細に記載されています。）。この認知症が発症した場合には、認知機能の低下に伴い事理弁識能力も低下することから、認知症を発症した方が有効に法律行為（例えば、遺言、委任、売買、任意後見契約など）を行うことができるのかどうかが問題になります。

せっかく行った法律行為が無効と評価されないためにも、事理弁識能力が問題となる前の段階（認知症の発症前の段階）で本人の将来のことをできるだけ決めておくことが重要になります。

では、ご高齢の方が認知症を発症する前にどのような対策を行うことができるのでしょうか。以下では、意思能力低下前に行う対策として、①任意後見制度、②家族信託、③遺言の３つについて触れたいと思います。

2　任意後見制度

任意後見制度は、意思能力が不十分または欠如した場合に備えて、あらかじめ本人自らが希望する第三者に行って欲しい事項を記載した委任契約（任意後見契約）を公正証書で締結しておく本人保護のための制度のことを言います（任意後見契約に関する法律、平成 11 年 12 月８日法律第 150 号）。

この任意後見制度は、本人に意思能力があることを前提にしていることから、本人に意思能力がないと判断された場合（例えば後見相当の場合）には、任意後見契約を作成することはできないことになります（雨宮則夫『第３版　Q＆A 遺言・信託・任意後見の実務』445 頁（日本加除出版、2018 年）では、「委任者の意思能力がないと判断した場合には、公正証書の作成を拒絶しています（公証人法 26 条）」との記載があります。）。任意後見契約の作成にあたっても、後日になってから任意後見契約の有効性に疑義が出ないように、本人の意思能力に関する診断書を取得したうえで、任意後見契約の作成をするといった配慮が重要になります。なお、任意後見契約を作成すると、法定後見と同様に登記事項証明書が作成されることになります。ただし、任意後見契約の作成の段階では、あくまで「任意後見人受任予定者」として記載された登記事項証明書が作成されるに過ぎません。任意後見人は、任意後見監督人が選任された後に任意後見人として行為できることになります。したがって、家庭裁判所に対して任意後見監督人の選任申立てを行い、裁判所が任意後見監督人を選任した後、任意後見人としての正式な登記事項証明書が作成されることになります（後見登記に関する法律５条）。

それでは、この任意後見制度には、法定後見制度と比べてどのようなメリットがあるのでしょうか。任意後見制度には、①自分の判断能力が低下した際に誰にどのようなことをしてもらうか予め自分で決定できる点、②法定後見と異なり任意後見が開始しても資格を制限する条項がない点、③任意後見開始の可否について本人の意思が尊重される点に法定後見制度にはないメリットがあると言われています。因みに、法定後見制度では、①については、自分で後見人等を選ぶことができず、家庭裁判所が選任した人物が後見人等に選任されることになります。また、②については、法定後見が開始すると資格制限が規定されている職種が多くありました（法定後見制度をより使い易くする制度に改める必要があるとの観点から、令和元年６月７日、成年後見制度を利用した人が公務員や法人役員の資格や地位を失う各種法律の欠格条項を原則として削除する一括法が参議院本会議で可決成立しました（日本経済新聞電子版 2019 年６月７日）。）。さらに、③については、法定後見の開始は、申立人の成年後見開始の申立てに基づき、家庭裁判所が決定することになります。

認知症が発症する前に、任意後見契約を作成しておけば、法定後見制度に比べてより本人の意思を尊重した将来のライフスタイルを決定しておくことが可能となります。

しかしながら、任意後見契約にも限界があると言えます。特に本人の利益ではなく家族や第三者の利益を図る観点が存する行為（例えば相続対策として本人が居住しない賃貸建物を本人の資金で建てる行為や親族に贈与する行為など）を本人の従前の意向に基づき任意後見人が行いたいと考えた場合、後見制度が本人の資産を守る制度であることに鑑みて、任意後見監督人が当該行為を認めてくれない可能性も考えられます。平成 28 年４月８日に成立した成年後見制度の利用の促進に関する法律では、「成年後見制度を利用し又は利用しようとする者の自発的意思を尊重する観点から、任意後見制度が積極的に活用されるよう、その利用状況を検証し、任意後見制度が適切かつ安心して利用されるために必要な制度の整備その他の必要な措置を講ずること」が定められています。任意後見制度においても、任意後見人による不正行為を防止しつつ、本人の意思を出来るだけ尊重する制度の整備が必要と言えます。

3　家族信託

家族信託とは、高齢になるにつれて認知症等で判断能力が低下した際、自身で財産の管理や処分が出来なくなることに備えて、事前に信頼できる家族等と財産の管理や処分の契約（民事信託契約）を締結することを言います。信託契約の締結も法律行為になりますので、契約締結時に本人（委託者）に意思能力が必要であることに変わりありません。

信託の場合には、信託契約後に委託者が認知症になった場合でも、受託者が信託契約に基づき信託財産を柔軟に管理、処分していくことができます。委託者が受益者として信託契約に係る給付を受ける形式にし、受託者を監督する受託監督人を定めておけば、認知症になった後においても生活費等として収益を受けつつ安心に資産の管理を委ねることが可能となります（石垣雄一郎ほか『ケーススタディにみる専門家のための家族信託活用の手引き』109 頁（新日本法規、2015 年））。

信託契約では、任意後見の場合のように身上監護や死後事務などについて具体的に定めることは難しいと言えます。しかしながら、認知症を発症して判断能力が低下する前に信託契約を締結しておけば、資産の管理や処分については柔軟な対応が可能となります。

4　遺　言

遺言とは、被相続人（死亡された方）の最後の意思表示になります。人が死亡した場合、当該故人の遺産は相続人に承継されていきます。しかしながら、故人の意思（遺言）によって財産の処分等を決めることができることとされています。遺言には、普通方式の遺言として、①自筆証書遺言（民法 968 条）、②公正証書遺言（民法 969 条）、③秘密証書遺言（民法 970 条）の３種類があります。この遺言も法律行為であることから、遺言を有効に行うためには意思能力が必要になります。なお、法定後見が開始している場合でも、例外的に成年被後見人が有効に遺言を作成することができる場合があります（民法973条）。民法973条１項では、「成年被後見人が事理を弁識する能力を一時回復した時において遺言をするには、医師２人以上の立会いがなければならない」と規定し、同条２項では、「遺言に立ち会った医師は、遺言者が遺言する時において精神上の障害により事理を弁識する能力を欠く状態になかった旨を遺言書に付記して、これに署名し、印を押さなければならない」と規定しています。

ご自身が死亡した後にどのように相続人に相続財産を相続させるかを定めておくことは、相続を契機とする家族間における紛争を防止する観点から非常に重要であると言えます。成年後見開始後の遺言といった例外的なケースの規定もありますが、成年後見が開始した前後の遺言はその効力を争われる可能性が高いのが実態です。まずは、意思能力が低下する前に遺言を作成しておくことが重要です。

遺言の有効性に関しては、遺言の作成にあたり意思能力があるとの診断書を取得して遺言を作成し、作成後に成年後見が開始した事案で遺言能力がなく遺言の無効確認が認められた判例（東京地判平成30年１月30日判例秘書登載）が存します。遺言の作成にあたって作成者の意思能力に疑義が存する場合には、紛争防止のため、長谷川式認知症スケールだけではなく、ＭＭＳＥや画像診断を含めた専門医による意思能力に関する診断書を取得しておくことが重要です。

5　設問のケース

設問のケースでは、資産家の父親であり、将来における相続問題を回避する意味でも、まずは、父親の意思能力に問題が無い段階で遺言を作成しておく必要性が高いと言えます。また、父親が認知症になり判断能力が低下すると、資産の管理や処分も困難になることから、任意後見制度、家族信託を上手に用いて将来に向けた対策を行っておく必要があります。

Q5　認知症対策に信託を利用できると聞きましたが、どのような活用方法があるのでしょうか。

◆認知症などにより自分で財産を管理・運用することができなくなった場合に備えて、財産を信託契約により受託者に移転し、受託者に財産の管理・運用を任せることが可能です。活用方法としては、自宅の不動産を信託して受託者に管理を任せる事例、高齢者の財産を保護するために財産を親族に信託する事例、賃貸不動産を信託して受託者に管理・運用を任せる事例などがあります。

point!

A

1　信託の仕組み

信託は、委託者が自らの財産の所有権を受託者に移転して、受益者のために財産を管理・運用・処分してもらう制度です。

信託には以下の委託者、受託者、受益者が登場します。

(1)　委託者

委託者は、自らの財産を信託する人です。

(2)　受託者

受託者は、信託契約の内容に従い、信託財産の管理、処分その他信託の目的の達成のために必要な行為をする人です。

(3)　受益者

受益者は、信託契約の内容に従い、受託者から信託財産に属する財産の給付などを受ける権利（受益権）を有する人です。委託者は、信託契約で委託者自らを受益者と定めることも、委託者以外の第三者を受益者と定めることもできます。

以上の信託の仕組みを図にすると以下のとおりです。

委託者 ──信託財産──→ 受託者

受託者 ──受益権──↓ 受益者

2　活用方法１　自宅不動産の信託

認知症などにより自宅の管理をすることができなくなることに備えて、自宅不動産を親族に信託し、管理を任せることが考えられます。

例として、高齢の男性Ａが、自分が所有して高齢の妻Ｂと二人で暮らしている自宅不動産を、長男Ｃに信託する事例を考えてみます。

Ａは、妻Ｂと自宅で暮らしていきたいと希望していますが、自分の判断能力が衰え、自宅の管理ができなくなった場合に備えて、長男Ｃに自宅の管理を任せたいと考えています。Ａの希望を実現させる方法として、Ａが自宅不動産を長男Ｃに信託し、Ｃが受託者として、受益者Ａのために自宅不動産を管理する方法があります。

具体的には、委託者Ａと受託者Ｃとの間で、自宅不動産を信託する不動産信託契約を締結します。受益者は委託者であるＡとして、Ａが自宅不動産を従前どおり使用収益できる内容の受益権を有することとします。この信託契約を締結することにより、Ａは、自宅に住み続けることができ、かつ、自宅不動産の修繕、固定資産税の支払などの管理を長男Ｃに任せて、自らは管理の負担から解放されることになります。

以上の信託契約の内容を図にすると以下のとおりです。

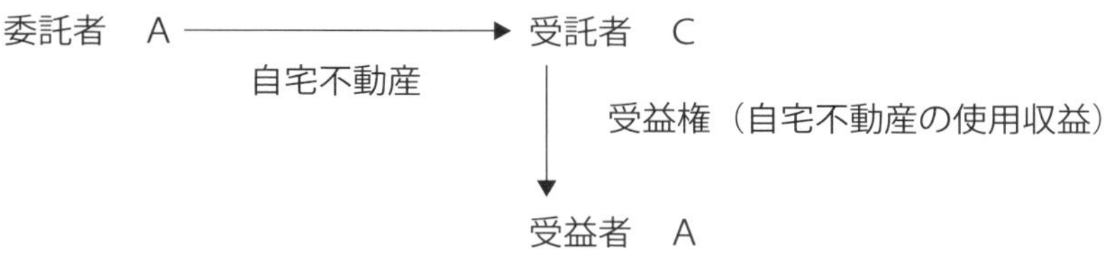

受託者は、不動産を管理する義務を負うことになり、固定資産税などの費用を支出することになります。これらの必要な費用については、不動産に加えて現金を信託し、不足が生じた場合には受託者が委託者に対して請求できると信託契約に定めることが通常です。

また、Ａが、自分が亡くなった後は、妻Ｂが自宅に住み続けられるようにしたいと希望している場合、信託契約において、最初の受益者をＡ

とし、Ａが亡くなった時点で受益権を取得する第二次受益者をＢと定めることが可能です。これにより、Ａが亡くなった後、Ｂが自宅不動産に住み続け、管理は引き続き長男Ｃに任せることができます。

妻Ｂを第二次受益者とした場合には、「妻Ｂが亡くなった時に信託契約が終了し、自宅不動産を長男Ｃに帰属させる」と信託契約に定めることにより、Ａが亡くなった後は妻Ｂが自宅に住み続け、Ｂが亡くなった時点で長男Ｃが自宅の所有権を取得することになります。信託を活用することにより、Ａは、自分が亡くなった時点で妻Ｂに自宅不動産を使用収益する権利を取得させることに加えて、妻が亡くなった時点で長男Ｃに自宅不動産を取得させることまで定めることができます。

信託を活用しない場合には、Ａが遺言を作成することにより、Ａが亡くなった時点で自宅不動産を妻Ｂに取得させることを決めることはできますが、Ｂが自宅不動産を取得した後、誰に自宅不動産を取得させるかについては、Ａが決めることはできないと考えられています。Ａが亡くなった時点で自宅不動産はＢの所有となり、それを誰に取得させるかは所有者であるＢが決める権利を有し、Ａが決めることはできないと考えられているからです。信託を活用する利点の一つは、委託者が亡くなった後、最初に誰に権利を取得させるかだけでなく、さらにその後誰に権利を取得させるかについてまでを委託者が自らの意思で決定できることです。

課税については、受益権を取得する者に贈与税または相続税が課されます。この事例で、委託者Ａが当初受益者となった時には、もとの所有者であるＡが受益権を取得しているため、財産の移転がないとみなされ、課税はありません。Ａが亡くなった時点で妻Ｂに受益権を取得させる場合、Ａが亡くなったことにより妻Ｂが受益権を取得しますので、相続税が課税されます。Ａの生前に、Ａ以外の者が受益権を取得することを定めた場合には、相続税ではなく贈与税が課税されます。

３　活用方法２　高齢者の財産を保護するための信託

高齢者の資産を保護するために信託が活用されています。

例として、高齢で多額の資産を有する男性Ｄが、資産を長女Ｅに信託する事例を考えてみます。

Ｄは、一人暮らしで、自宅を訪ねて来た業者に不要な自宅不動産の修繕の契約を締結させられそうになるなど、判断能力の衰えがみられるようになりました。また、Ｄは預貯金の管理なども負担に感じるようになったため、預貯金の管理を長女Ｅに任せたいと希望しています。

（1）　後見制度の利用の検討

判断能力が衰えた高齢者の財産を保護する制度としては、民法が定める後見制度があります。後見制度は、「精神上の障害により事理を弁識する能力を欠く常況にある者」について、家庭裁判所が後見開始の審判をし（民法７条）、成年後見人を付して（民法８条）、成年後見人に財産管理を委ねる制度です。

しかし、Ｄが判断能力が衰えているものの、判断能力が欠けているとまでは言えない場合には、「事理を弁識する能力を欠く常況にある」とは言えませんので、後見開始の審判を受けることはできません。

民法が定める法定後見制度には、後見人のほかに、保佐人、補助人を付する制度があり、保佐人は「事理を弁識する能力が著しく不十分である者」について（民法 11 条）、補助人は「事理を弁識する能力が不十分である者」について（民法 15 条）、家庭裁判所が保佐開始、補助開始の審判をすると定められています。これらの制度は、保佐人、補助人に、一定の行為について代理権を与えたり、同意権を与えて同意のない行為について取消を認めるもので、本人に財産を管理する権限は残っていますので、悪質業者との契約などにより本人が財産を支出してしまうおそれは残ります。

法定後見制度のほかに、公正証書により任意後見契約を締結することにより、「精神上の障害により事理を弁識する能力が不十分な状況における自己の生活、療養看護及び財産の管理に関する事務の全部又は一部を委託し、その委託に係る事務について代理権を付与する」（任意後見契約に関する法律２条１号）方法があります。任意後見契約も一定の事務について代理権を付与する契約ですので、本人に財産管理の権限は残ります。

また、後見人などに裁判所の判断によって専門家の第三者が選任された場合、その者から報酬を請求されることになり、「その額は、本人の保有資産額にもよるが、月額３万円から５万円ということもあり得る」（ひまわり信託研究会・弁護士伊庭潔編著『信託法からみた民事信託の実務と信託契約書例』30頁（日本加除出版、2017年））ため、高額の資産を有する場合についてはランニングコストが必要になります。

(2)　信託契約による財産の保護

そこで、Ｄの資産を保護し、預貯金の管理を長女Ｅに任せたいという希望に添う方法として、信託契約を締結して、Ｄの預貯金をＥに信託する方法が考えられます。

具体的な信託契約の内容としては、委託者Ｄが預貯金を受託者Ｅに信託し、Ｅが預貯金の管理を行い、Ｄに必要な生活費、医療費などをＤに対して給付することが考えられます。

信託契約を締結することにより、Ｄは預貯金の管理から解放され、必要な生活費等を受益権としてＥから給付を受けることになります。

信託する金額については、委託者であるＤが決めることができます。したがって、預貯金の全額を信託する必要はなく、手元にＤ自身が管理する金額を残すことを選択することが可能です。

以上の信託契約の内容を図にすると以下のとおりです。

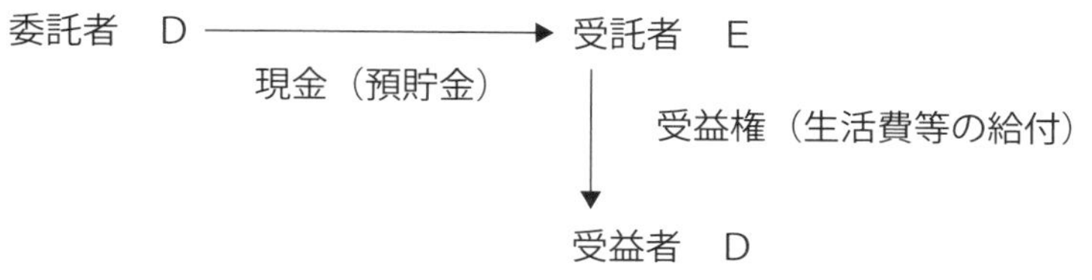

４　活用方法３　賃貸不動産の信託

収益用の賃貸不動産を所有している高齢者が、その管理・運用を信頼できる親族に委ねる目的で、賃貸不動産を信託する例があります。

例として、賃貸不動産と預貯金等の資産を有する高齢の女性Ｆが、長男Ｇに賃貸不動産を信託する事例を考えてみます。

(1)　後見制度の利用の検討

Ｆは、普段から長男Ｇに賃貸不動産の管理を実質的に委ねており、賃貸管理を行う不動産業者との折衝を任せています。さらに、賃貸不動産の買い換え、新規取得などの判断も、Ｇに任せています。Ｆは高齢となり、自ら契約などを行う負担からも解放されて、Ｇに管理、運用を委ねたいと希望しています。

Ｆの希望をかなえるために後見制度を利用することを検討してみます。法定後見制度については、成年後見人の選任には「事理を弁識する能力を欠く常況にある者」（民法７条）という要件がありますので、その程度に至らない場合には利用することができません。また、成年後見人が付された場合、成年後見人は、本人の財産を減らさないことを目的として職務を行いますので、賃貸不動産の管理を行うにしても、不動産の買い換えや新たな不動産の取得などのリスクを伴う運用を行うことを避けるのが通常です。したがって、Ｆが、不動産の新規取得を含めた運用をしてもらいたいと希望している場合には、成年後見制度の利用によってはその希望はかなえられないと言えます。

任意後見契約を締結し、Ｇを任意後見人に指定することも考えられます。任意後見人は、本人の判断能力が不十分な状況にあるときに、家庭裁判所に後見監督人の選任を申し立てて、任意後見人の事務を監督する任意後見監督人が選任された時点で職務を開始します。したがって、本人の判断能力が不十分な状況に至っていない段階では任意後見人として事務を行うことができません。また、任意後見人が行うことができるのは任意後見契約に定められた法律行為を本人の代理人として行うことです。新たな不動産の取得などの財産の運用について任意後見人に権限を付与することは、簡単ではないと思われます。また、任意後見監督人の監督がなされることから任意後見人の自由な判断による財産の運用が認められるかが明らかではありません。

(2)　賃貸不動産の信託

そこで、委託者Ｆが、長男Ｇを受託者とし、受益者をＦ自身として、賃貸不動産を信託する方法を考えてみます。

賃貸不動産を信託することにより、賃貸不動産の所有権は受託者Ｇに移転し、Ｇが所有者として賃貸不動産の管理を行うことになりますので、Ｆは不動産管理から解放されます。

また、信託契約の中に、受託者Ｇが、賃貸不動産の処分及び新たな不動産の取得ができる旨を定めることにより、Ｇが自らの判断で賃貸不動産を売却し、新たな不動産を購入することができることになります。

以上の信託契約の内容を図にすると以下のとおりです。

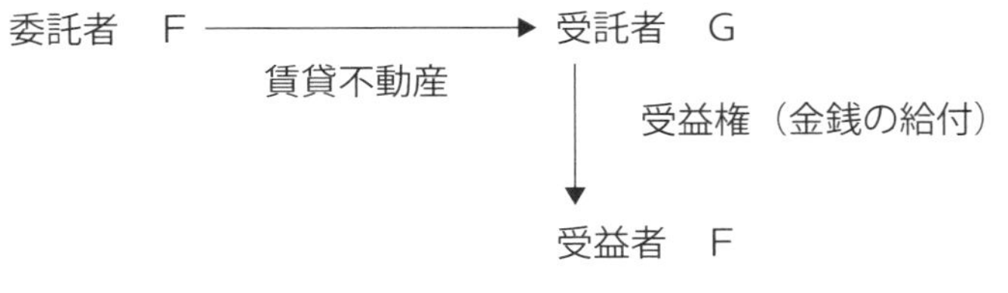

5　信託契約の締結方法

信託契約は、当事者間の契約で効力を生じますので、公正証書によらなければならないものではありません。ただし、委託者が高齢で、後に委託者の意思能力があったかどうかが争われる可能性がある場合には、公証人が作成する公正証書によることが望ましいと考えられます。

信託契約の内容を定める際には、受託者の事務として何を定めるか、受託者を監督する必要があるか、信託契約の内容の変更や終了事由、信託契約終了時に誰に財産を帰属させるかなど、将来に起こり得る事態を予想しながら、複数の要素を検討する必要がありますので、弁護士に相談することをお勧めします。また、受益権が発生する際に課税が生じるかどうかの検討が不可欠ですので、信託財産が一定額以上の場合には、税理士にも相談する必要があります。

【参考文献】

・ひまわり信託研究会・弁護士伊庭潔編著『信託法からみた民事信託の実務と信託契約書例』30 頁（日本加除出版、2017 年）

第2章
成年後見と法律・税金

Q6　お客様の中に、高齢で意思能力に疑義がある人がいらっしゃいます。こういったお客様との取引を行う際に気をつけるべき点を教えてください。

◆意思能力とは
◆意思無能力の場合の法律行為の有効性
◆意思能力の判断基準
◆制限行為能力制度概要

A

1　意思能力とは

「意思能力」とは、「自分の行為の結果を判断することのできる精神的能力であって、正常な認識力と予期力を含むものである」とか、「自己の行為の法的な結果を認識・判断することができる能力をいう」などと説明されています。事理を弁識する能力（事理弁識能力）と呼ぶこともできます。

意思能力は、行為の種類・内容によって異なるものの、おおよそ7歳から10歳の子供の判断能力であるなどといわれています。

2　意思無能力の場合、法律行為は無効

法律行為の当事者が意思表示をした時に意思能力を有しなかったときは、その法律行為は、無効です（改正民法3条の2）（大判明治38年5月11日民録11輯706頁）。

「無効」とは、最初から効力が生じないということです。無効な法律行為に基づく給付がされたときには、不当利得となり、返還請求が認められます。たとえば、あなたが意思能力に疑義のある売主との間で、土

地の売買契約を締結し、土地を買ったとしましょう。その後、売主が「土地売買契約締結当時、私は意思能力を欠いていたので、本件売買契約は無効だ。よって、土地の所有権移転登記を抹消せよ。」と訴訟を起こして、裁判所が、売主の「意思能力がなかったので土地売買契約は無効」という主張を認めた場合、土地の所有権移転登記を抹消されることになります。

このように、意思能力に疑義のある人と取引を行うと、後から意思能力がなかったので取引は無効だと主張されるリスクがあるのです。

なお、意思能力の主張立証責任については、意思能力の欠缺により契約の無効を主張する側が、意思能力の不存在につき立証責任を負うものと解されます。

3　意思能力の判断基準

それでは、意思能力の有無はどのように判断するのでしょうか。

意思能力があるかどうかについての判断は、どのような取引を行うかによって異なります（福岡高判平成16年7月21日判タ1166号185頁、東京地判平成17年9月29日判タ1203号173頁）。例えば、不動産や複雑な金融商品などを取引する場合と、日常品を購入する場合とでは必要とされる意思能力が異なる場合もあります。

そのため、意思能力の有無は、画一的・形式的な基準によって決せられるべきものではなく、個々の具体的な法律行為について、当該事実関係の下に、行為者の年齢・知能などの個人差を考慮して、実質的・個別的に判断するしかないといわれています。

裁判例においては、契約に必要な意思能力の有無について、精神上の障害の存在・内容・程度のほかに、年齢、契約前後の言動や状況、契約締結の経緯、契約の動機・理由、相手方との関係、契約の内容、契約時の状況などに基づいて判断されているようです。

4　具体例

それでは、具体的にどのように意思能力の有無を判断するのか、裁判例をもとにご紹介しましょう。

(1)　連帯保証契約締結時の意思能力が問題になった件（東京高判平成30年8月9日金判1553号37頁）

ア　事案

Ｘ銀行は、平成26年8月25日、Ｚ社に対し、3億1,310万円を貸し付けた（以下「本件貸金契約」という。）。Ｙは、同日、Ｘ銀行との間で、本件貸金契約上のＺ社の債務を連帯保証する旨の記載のある契約書の「連帯保証人」欄に署名した（以下「本件連帯保証契約」という。）。

連帯保証人Ｙは、平成18年4月15日、左中大脳動脈梗塞を発症し、ウェルニッケ失語症の後遺障害を負っていた。Ｙについて、平成27年9月30日、「H 18年4月15日左中大脳動脈梗塞発症。H 19年10月1日より当院へ転院。今日に至るまで理解・判断能力欠如が継続している。」旨の記載のある診断書が作成され、Ｙは、同年11月27日、後見開始の審判を受けていた。

主債務者Ｚ社は、平成27年8月31日に支払うべき本件貸金契約上の分割金を支払わなかったため、Ｘ銀行がＺ社に対し残金のうち1億円の支払いを求めるとともに、連帯保証人Ｙに対しても同額1億円の支払いを求めて訴訟を提起した。

これに対し、Ｙは、本件連帯保証契約に署名した平成26年8月25日当時、本件貸金契約上のＺ社の債務を連帯保証する旨の意思表示をする能力を有していなかったとして、本件連帯保証契約は無効であり、Ｘ銀行の支払請求は認められないと主張した。

イ　裁判所の判断

裁判所が選任した神経内科を専門とする医師である鑑定人の意見によると、「本件連帯保証契約当時、Ｙは、重度のウェルニッケ失語症により、脳の言語領域の損傷により言語機能が著しく障害された状態が継続していたものと認められる。以上のほか、本件連帯保証契約当時、Ｙは84歳と高齢であったこと、本件契約書は、契約条項を含め4枚に及ぶものであって必ずしも単純なものとはいえない上、本件連帯保証契約は、Ｚ社のＸ銀行に対する元本３億1,310万円の借入債務を連帯保証することを内容とするものであってＹに多大な影響を与えるものであること、Ｙがウェルニッケ失語症の発症前において、Ｚ社の多額の債務を保証するなどしていたことはうかがわれないことなどの各事情も認められる。以上の諸事情を総合考慮すると、Ｙは、本件連帯保証契約を締結した平成26年８月25日当時、本件連帯保証契約およびその前提となる本件貸金契約の法的な意味を理解する能力を欠いており、意思能力はなかったものと認められる。」

(2)　土地売買契約締結時の意思能力が問題になった件（東京地判平成20年12月24日判時2044号98頁）

ア　事案

Ｘは、平成19年６月21日、Ｙ社との間で、Ｘ所有の土地建物（以下「本件土地建物」という。）を代金5,000万円で売却する旨の売買契約（以下「本件売買契約」という。）を締結した。

Ｘは、本件売買契約締結当時、意思能力を欠いていたため、本件売買契約は無効であると主張して、所有権に基づき、Ｙ社に対し所有権移転登記の抹消登記手続きを求めた。

イ　裁判所の判断

Ｘの意思能力の真否について、①Ｘが本件売買契約締結当時90歳の高齢者であり、認知症にり患していたこと、②本件売買契約がその代金額（5,000万円）等においてＸにとって著しく不利な内容のものであったこと（本件土地建物の査定価格から根抵当権等の被担保債権残債を控除した本件土地建物の価値は、２億4,000万円以上だった）、③売買代金がＸに支払われた事実が認められないことなどを根拠として、Ｘは本件売買契約締結当時その内容及び効果を認識する意思能力を欠いていたと認定し、本件売買契約を無効とした。

5　制限行為能力制度

このように、意思能力の有無の判断は必ずしも容易ではありません。そこで、意思能力が完全とは言えない人について画一的に法律行為をする能力があるかどうかを定めておこうというのが、制限行為能力制度です。

民法において行為能力を制限されている者（制限行為能力者）は、未成年者、成年被後見人、被保佐人、被補助人の４種です。これらの者が単独でできない行為をした場合には、取り消すことができるものとされています。これらについては、Ｑ９、Q10をご参照ください。

6　まとめ

以上の通り、意思能力に疑義のある人と契約をした場合、追って取消し・無効を主張される可能性があります。よって、意思能力に疑義のある人と、大きな取引をする場合には、慎重にその意思能力の有無を確認しましょう。意思能力の有無の具体的な確認方法については、Ｑ１もご参照ください。

Q７　高齢者を雇用する場合の規制と注意すべき点を教えてください。

◆高齢者の雇用については、高齢者等の雇用の安定等に関する法律（高齢者雇用安定法）による継続雇用制度等があります。
◆定年後再雇用を行う場合には、無期転換ルールへの対応の検討が必要です。
◆安全衛生の観点から、高齢者の心身の条件に応じて、適正な配置を行うように務める必要があります。

point!

A

1　はじめに

現在の日本は、深刻な少子高齢化にあり、働き手が不足しています。日本の生産年齢人口は、1995 年に 8,716 万人を記録した後に、2015 年には 7,628 万人となっています。出生中位推計の結果を見ると、生産年齢人口は 2029 年に 7,000 万人を、2040 年に 6,000 万人を、2056 年に 5,000 万人を割る見込みです。

他方で、老齢人口は増加し、2020 年には 3,619 万人となり、2030 年に 3,716 万人となります。このように、今後日本は、少子高齢化に伴い、生産年齢人口が減少し続ける一方、人口の軽減は緩やかであるという状況により、社会の仕事の総量は減らない一方で社会の中における働き手の不足に直面することになります。

このような背景もあり、現在では、高齢者の雇用、特に自社を定年退職する方の継続雇用について積極的に取り組む企業が増加しています。

2　高齢者を雇用する場合の注意点

次に、企業が高齢者を雇用する上での注意点を、特に事例が多い定年後の継続雇用を中心に見ていくこととします。

(1)　定年制と高年齢者雇用確保措置

「定年制」とは、労働者が一定の年齢に達したときに労働契約が終了する制度であり、労働契約の終了事由に関する特殊な定めであるとされます。

定年についての年齢は、高齢者雇用安定法により60歳を下回ることができないとされています。

そして、高齢者雇用安定法では、事業者が65歳未満の定年を定めている場合には、①定年の引上げ、②現に雇用している高年齢者が希望するときは、当該高年齢者を定年後も引き続き雇用する制度である継続雇用制度の導入、③定年の定めの廃止のいずれかの措置を講じることが義務づけられています。

従来、②継続雇用制度の導入については、労使協定によって定年後の継続雇用者を労使協定の定める基準によって選別できることとされていましたが、2012年の改正によって希望者全員が継続雇用制度の対象となりました。

(2)　継続雇用制度

ア　雇用契約の当事者

継続雇用制度では、事業主が直接の雇用主となる他に、「特殊関係事業主」が継続雇用を希望する高年齢者と雇用契約を締結することも認められています。この「特殊関係事業主」に含まれるのは、①当該事業主の子法人等、②当該事業主を子法人等とする親法人等、③当該事業主を子法人等とする親法人等の子法人等（当該事業主及び①、②に掲げる者を除く。）④当該事業主の関連法人等、⑤当該事業主を子法人等とする親法人等の関連法人等（④に掲げる者を除く。）をいい、同一企業グループに属する企業による継続雇用も認められるものとなっています。

イ　継続雇用を拒否できる場合

高齢者雇用安定化法を受けて「高年齢者雇用確保措置の実施及び運用に関する指針」が設けられました。

同指針では、「心身の故障のため業務に堪えられないと認められること、勤務状況が著しく不良で引き続き従業員としての職責を果たし得ないこと等就業規則に定める解雇事由又は退職事由（年齢に係るものを除く。以下同じ。）に該当する場合には、継続雇用しないことができる。就業規則に定める解雇事由又は退職事由と同一の事由を、継続雇用しないことができる事由として、解雇や退職の規定とは別に、就業規則に定めることもできる。また、当該同一の事由について、継続雇用制度の円滑な実施のため、労使が協定を締結することができる。なお、解雇事由又は退職事由とは異なる運営基準を設けることは高年齢者等の雇用の安定等に関する法律の一部を改正する法律の趣旨を没却するおそれがあることに留意する。ただし、継続雇用しないことについては、客観的に合理的な理由があり、社会通念上相当であることが求められると考えられることに留意する。」と述べられています。

かかる指針の他に、欠格事由の該当性が認められず、再雇用の要件を満たす労働者からの再雇用の希望を受けた事業者が再雇用を拒否する意思表示をした件につき、解雇権乱用の法理の類推適用によって無効というべきとした裁判例（東京地判平成 22 年８月 26 日労働判例 1013 号 15 頁）、定年後１年の嘱託雇用をした後に継続雇用を拒否した件につき「嘱託雇用契約の終期の到来により被上告人の雇用が終了したものとすることは、他にこれをやむを得ないものとみるべき特段の事情もうかがわれない以上、客観的に合理的な理由を欠き、社会通念上相当であると認められないものといわざるを得ない。」とした最高裁判例（最判平成 24 年 11 月 29 日労働判例 1064 号 13 頁）が存在します。

いずれも、実質的には労働契約法 16 条が定める要件を満たす場合に継続雇用を拒否できるものとしていると解されるため、継続雇用を拒否できる場合は限定的であると理解されます。

ウ　継続雇用後の労働条件

継続雇用後の労働条件は、どのような労働条件である必要があるかについては、特に労働契約法 20 条が問題となり、近時、重要な判例も出ています。

最判平成30年6月1日労働判例1179号34頁において、最高裁は、有期契約労働者が定年退職後に再雇用された者であることが、労契法20条の「その他の事情」に該当するかについて、該当すると判示しました。そして、「有期契約労働者と無期契約労働者との個々の賃金項目に係る労働条件の相違が不合理と認められるものであるか否かを判断するに当たっては、両者の賃金の総額を比較することのみによるのではなく、当該賃金項目の趣旨を個別に考慮すべきものと解するのが相当である。」とし、手当の項目ごとに合理性を判断し、一部の手当について正社員のみに支給することを不合理としました。

なお、2020年（令和2年）4月から短時間労働者及び有期雇用労働者の雇用管理の改善等に関する法律（短時間・有期雇用労働法）が施行され、今後は、同法8条及び9条の問題となります。そして、短時間・有期雇用労働者及び派遣労働者に対する不合理な待遇の禁止等に関する指針では、「定年に達した後に継続雇用された有期雇用労働者についても、短時間・有期雇用労働法の適用を受けるものである。このため、通常の労働者と定年に達した後に継続雇用された有期雇用労働者との間の賃金の相違については、実際に両者の間に職務の内容、職務の内容及び配置の変更の範囲その他の事情の相違がある場合は、その相違に応じた賃金の相違は許容される。さらに、有期雇用労働者が定年に達した後に継続雇用された者であることは、通常の労働者と当該有期雇用労働者との間の待遇の相違が不合理と認められるか否かを判断するに当たり、短時間・有期雇用労働法第8条のその他の事情として考慮される事情に当たりうる。定年に達した後に有期雇用労働者として継続雇用する場合の待遇について、様々な事情が総合的に考慮されて、通常の労働者と当該有期雇用労働者との間の待遇の相違が不合理と認められるか否かが判断されるものと考えられる。したがって、当該有期雇用労働者が定年に達した後に継続雇用された者であることのみをもって、直ちに通常の労働者と当該有期雇用労働者との間の待遇の相違が不合理ではないと認められるものではない。」との考え方が示されています。

3　無期転換ルールと再雇用

2013年（平成25年）４月から、労働契約法の改正により、いわゆる無期転換ルールが適用されています。原則として、同一の使用者との間で、有期労働契約の契約期間が、通算して５年を超えた場合、労働者は使用者に対し、無期労働契約への転換を申し込むことができ、使用者はこの申込みを承諾したものとみなされます。

60歳以上の年齢で定年を迎えた後に再雇用された労働者については、専門的知識等を有する有期雇用労働者等に関する特別措置法（有期雇用特別措置法）によって特別の定めがおかれています。

そのため、再雇用を行う場合には、この有期雇用特別措置法に基づく手続を行うかについても検討しておく必要があります。

4　労働安全衛生について

上記の他に、高年齢者を雇用する場合には、安全衛生の観点からも配慮が必要です。

平成29年３月中央労働災害防止協会「高年齢労働者の活躍促進のための安全衛生対策 －先進企業の取組事例集－」や厚生労働省「高年齢労働者に配慮した職場改善マニュアル～チェックリストと職場改善事項」を参照し、高年齢者が社内で安全に勤務できる体制の構築を行うべきといえます。

Q8　当社は金融機関業を営んでいます。後見は開始していないですが、意思能力に疑義があるお客様がいて取引ができません。取引をするために何か方策はありますか。

◆意思無能力の場合の法律行為の有効性
◆制限行為能力制度概要
◆成年後見人、保佐人、補助人の権限の確認方法

point!

A

1　意思無能力の場合、法律行為は無効

「意思能力」とは、「自分の行為の結果を判断することのできる精神的能力であって、正常な認識力と予期力を含むものである」などと説明されています。法律行為の当事者が意思表示をした時に意思能力を有しなかったときは、その法律行為は、無効です（大判明治38年5月11日民録11輯706頁）。

意思能力の有無は、画一的・形式的な基準によって決せられるべきものではなく、個々の具体的な法律行為について、当該事実関係の下に、行為者の年齢・知能などの個人差を考慮して、実質的・個別的に判断するしかないといわれています。

詳しくは、Q6にて解説しておりますので、ご参照ください。

2　制限行為能力制度概要

以上の通り、意思能力に疑義のある人と取引をした場合、追って無効を主張される恐れがあります。「無効」とは、最初から効力が生じないということです。例えば、貸出取引において、取引時に顧客が意思無能力であったため、当該取引が無効となった場合、すでに融資された金銭については本人が現に利益を受けている限度で返還すればよいので、金融機関としては融資金額全額の返還を求めることは困難になります。

したがって、金融機関としては、原則として、意思能力に疑義のある

お客様本人との取引には応じず、成年後見制度等の制限行為能力制度の利用を求め、成年後見人等との間で取引を行うべきです。

制限行為能力制度とは、意思能力の有無の判断は必ずしも容易ではないため、意思能力が完全とは言えない人について画一的に法律行為をする能力があるかどうかを定めておこうという制度です。民法において行為能力を制限されている者（制限行為能力者）は、未成年者、成年被後見人、被保佐人、被補助人の４種です。これらの者が単独でできない行為をした場合には、取り消すことができるものとされています。

なお、民法に定められた成年後見制度の他に、任意後見制度という制度もあります。任意後見制度は、本人が十分な判断能力があるうちに、将来、判断能力が不十分な状態になった場合に備えて、あらかじめ自らが選んだ代理人（任意後見人）に、自分の生活、療養看護や財産管理に関する事務について代理権を与える契約（任意後見契約）を公証人の作成する公正証書で結んでおくというものです。つまり、任意後見制度は、民法上定められた成年後見制度等とは異なり、判断能力が不十分な状態になった時点で利用するのには適する制度ではありません。

（1）　成年後見

成年被後見人とは、精神上の障害により事理を弁識する能力を欠く常況にある者で、家庭裁判所の後見開始の審判を受けた者のことをいいます。後見開始の審判については、本人、配偶者、４親等以内の親族、未成年後見人、未成年後見監督人、保佐人、保佐監督人、補助人、補助監督人、検察官の請求に基づきなされます。審判を受けた成年被後見人には、成年後見人が付されます。

成年被後見人の法律行為について、成年被後見人本人、その代理人（成年後見人）は取り消すことができます。ただし、例外的に、日用品の購入その他日常生活に関する行為については、取り消すことはできません。

成年後見についての詳細は、Ｑ９をご参照ください。

(2)　保佐

被保佐人とは、精神上の障害により事理を弁識する能力が著しく不十分な者で、家庭裁判所の保佐開始の審判を受けた者のことをいいます。保佐開始の審判については、本人、配偶者、4親等以内の親族、後見人、後見監督人、補助人、補助監督人、検察官の請求に基づきなされます。被保佐人には、保佐人が付されます。

被保佐人が、ある一定の重要な行為（例えば、借金、保証、不動産の売買、新築・改築・増築・大規模修繕、贈与等）をするには、その保佐人の同意を得なければなりません（但し、日用品の購入その他日常生活に関する行為は、この限りではありません）。

保佐についての詳細は、Q10をご参照ください。

(3)　補助

被補助人とは、精神上の障害により事理を弁識する能力が不十分な者で、家庭裁判所の補助開始の審判を受けた者のことをいいます。補助開始の審判については、本人、配偶者、4親等以内の親族、後見人、後見監督人、保佐人、保佐監督人、検察官の請求に基づきなされます。被補助人には、補助人が付されます。

被補助人が、補助人の同意を得なければならない旨の家庭裁判所の審判のあった一定の重要な行為（例えば、借金、保証、不動産の売買、新築・改築・増築・大規模修繕、贈与等）をするには、その補助人の同意を得なければなりません。

3　成年後見人、保佐人、補助人の権限の確認方法

上記の通り、顧客について成年後見、保佐、補助の開始の審判がなされている場合、成年後見人の代理人取引、保佐人・補助人の同意のもとでの本人取引、または代理権の範囲内での保佐人・補助人との代理人取引により、少なくとも意思無能力による無効のリスクなく、取引することが可能です。

それでは、成年後見人、保佐人、補助人の権限については、どのよう

に確認すればよいでしょうか。そのような場合には、成年後見等に関する登記事項の証明書を確認しましょう。

成年後見登記制度とは、成年後見人などの権限や任意後見契約の内容などをコンピュータ・システムによって登記し、登記官が登記事項を証明した登記事項証明書（登記事項の証明書・登記されていないことの証明書）を発行することによって登記情報を開示する制度です。登記ファイルには、後見・保佐・補助の種別、成年被後見人・被保佐人・被補助人の氏名・住所・生年月日、成年後見人等の氏名・住所等、代理権等の範囲などが登記され、登記内容については「登記事項証明書」（登記されていないことの証明（いわゆる「ないこと証明」を含む））が発行されます。

ただし、証明書の交付を請求できる方は、取引の安全の保護と本人のプライバシー保護の調和を図る観点から、本人、その配偶者・４親等内の親族、成年後見人など一定の方に限定されており、取引相手であることを理由に、請求はできません。したがって、金融機関としては交付を請求できる者を通じて登記事項証明書を入手し、後見登記等の内容を確認することとなります。

4　まとめ

以上の通り、意思能力に疑義のある人と取引をする場合には、原則として、成年後見制度等の制限行為能力制度の利用を求め、成年後見人等との間で取引を行いましょう。

Q9　後見人が付されている方と、企業が取引をする場合の注意点を教えてください。

◆後見開始の事実や成年後見人の氏名、成年後見監督人の有無は、登記事項証明書によって確認することができます。
◆成年被後見人自身と契約を締結した場合、原則として、取り消される可能性があります。
◆成年後見人には包括的な代理権が認められますが、居住用不動産の処分については家庭裁判所の許可が必要となります。
◆成年後見監督人がいる場合、成年後見監督人の同意が必要となる場合があります。
◆取引の相手方には、催告権が認められます。
◆成年被後見人が詐術を用いた場合、取消権は認められません。

point!

A

1　成年後見制度とは

未成年者が法律行為をする場合には、原則として、保護者たる法定代理人の同意が必要とされています。他方で、成年者は、十分な判断能力を有すると考えられていることから、そのような保護は、当然には受けることはできません。

しかしながら、成年者にも、知的能力が不十分であるために保護を必要とする者がいるため、そのような者を保護する制度として、成年後見制度が設けられています。

2　成年被後見人とは

後見開始の審判を受けた者を、成年被後見人といいます。

成年被後見人となり得るのは、「精神上の障害により事理を弁識する能力を欠く常況にある者」、すなわち、痴呆など精神上の障害によって判断能力を欠くことが普通の状態である者です。例えば、家族の名前がわからない、自分がどこにいるのかわからない、買い物に行っても買うべきものを忘れてしまうといった状態にある者がこれに該当します。

後見開始の審判は、本人、配偶者、４親等内の親族などが、家庭裁判所に請求することにより、開始することができます。家庭裁判所は、本人について、「精神上の障害により事理を弁識する能力を欠く常況にある」と判断した場合には、後見開始の審判を行い、後見が開始します。これによって審判を受けた者は成年被後見人となり、保護者として成年後見人が付されます。また、家庭裁判所において必要があると認めたときには、後見人の事務を監督する成年後見監督人が選任されます。

成年後見が開始すると、その事実は、法務局の管轄する成年後見登記ファイルに記載されます。そして、本人、配偶者、４親等内の親族などの請求があれば、法務局がその記載事項を証明した登記事項証明書を交付するものとされています。

さて、設問のようなケースで多くあるのが、成年後見人を名乗る者から、「本人について成年後見が開始し、私が成年後見人になったので、以後の取引は私が行う。」と言われる場合で、その際に、本人について本当に成年後見が開始しているのか、仮にそうだとして相手方が本当に成年後見人なのかがわからない、ということだと思います。そのような場合には、相手方に対し、本人についての登記事項証明書および相手方の身分証明書の提出を求めることで、成年後見が開始していること、相手方が成年後見人であること、成年後見監督人の有無などについて確認することができます。

3　成年被後見人の行為能力

成年被後見人は、原則として、自ら法律行為をすることができず、成年被後見人に関する法律行為については、成年後見人が代理して行うことになります。仮に、成年被後見人が、上記制限に反して法律行為を行ったとしても、当該法律行為は取り消すことができます。

ただし、例外として、「日用品の購入その他日常生活に関する行為」については、成年被後見人が単独で有効に行うことができるとされており、取り消すことはできません。そこで、「日常生活に関する行為」とは、具体的にはどのような行為が含まれるのかが問題となりますが、1つの見解は、本人が生活を営むうえで通常必要な法律行為を指すとし、そのうえで、その具体的な範囲については、各人の職業、資産、収入、生活の状況、当該行為の個別的な目的等の事情のほか、当該法律行為の種類、性質等の客観的な事情を総合的に考慮して判断すべきとしています。他方で、これと異なる見解は、贅沢品に関する法律行為は含める必要がないとして、日常生活を送るのに不可欠と考えられる法律行為に限定すべきとしています。

以上を踏まえると、原則として、成年被後見人自身との取引は行うべきではありません。また、例外として、「日用品の購入その他日常生活に関する行為」に当たるとして取引を行う場合であっても、明らかに日常生活を送るのに不可欠と考えられるような食材や日用消耗品の購入である場合を除いては、避ける方が無難であるといえます。

4　成年後見人とは

前述の通り、成年被後見人には、成年後見人が付されます。誰を成年後見人とするかについては、家庭裁判所が定めますが、後見開始の審判の請求において申立人が推薦した候補者に適格性が認められればその候補者が選任されるのが通常です。

成年後見人には、①成年被後見人の財産に関する法律行為についての包括代理権、②成年被後見人が自ら行った法律行為についての取消権、③成年被後見人が自ら行った法律行為についての追認権が認められます。

ただし、成年被後見人の居住用不動産の売却、賃貸、賃貸借の解除または抵当権の設定その他これらに準ずる処分については、成年後見人は単独では行うことはできず、家庭裁判所の許可が必要となります。かかる許可は、効力要件であるため、許可を欠く処分行為は無効と考えられております。なお、ここでいう居住用不動産とは、成年被後見人が老人ホームに入居している場合であっても、将来において居住する可能性がある場合にはこれに該当するとされていますので、注意が必要です。

そのため、相手方が成年後見人であることを確認できれば、原則として、取引を行っても問題ありませんが、成年被後見人の居住用不動産の処分に該当し得る行為については家庭裁判所の許可を得てから行うべきです。

5　成年後見監督人とは

前述の通り、家庭裁判所において必要があると認めたときには、成年後見人の事務を監督する成年後見監督人が選任されます。

成年後見監督人の主な職務は、成年後見人の事務の監督などですが、一定の法律行為については、成年後見監督人の同意がなければ成年後見人が行えないものがあります。具体的には、①元本の利用、②借財または保証、③不動産その他重要な財産の売買、④新築、改築、増築または大修繕、⑤短期賃貸借を超える賃貸借などです。なお、成年後見人が、成年後見監督人の同意なくこれらの行為を行った場合であっても、当然に無効になるわけではなく、成年後見人に取消権が認められるにとどまります。

そのため、成年後見監督人が選任されている場合に、上記の行為を行おうとするときには、成年後見監督人の同意を得てから行うべきです。

6　取引の相手方の保護

成年被後見人が自ら法律行為を行ってしまった場合など、前述の通り、成年被後見人側に取消権および追認権が認められます。しかし、これらが早期に行使されるとは限らず、そのまま放置されるような場合には、取引の相手方は長期間にわたって不安定な立場に置かれることになります。そこで、取引の相手方にも、法律関係を早期に確定するための方法として、催告権が認められます。

まず、取引の相手方は、成年後見人に対して、１か月以上の期間を定めて、当該法律行為を取り消すか追認するかの返事をするように催告することができます。当該期間内に回答があれば、当該回答に従って法律関係が定まります。他方、当該期間内に回答がなければ、追認されたものとみなされます。

そのため、仮に取り消され得る取引を行ってしまった場合には、法律関係を早期に確定するために、催告権を行使するべきです。

7　詐術による場合の取消権排除

以上述べたように、成年被後見人は、かなり手厚い保護を受けることとなり、他方で、取引の相手方としては、取消権を行使されれば大きな不利益を被ることとなります。そこで、民法は、取引の相手方保護のため、成年被後見人が、成年後見が開始されていないと誤信させるために「詐術を用いたとき」には、取消権を行使できないとしています。

そこで、どのような場合に「詐術を用いた」と言えるかが問題となります。判例では、成年被後見人が積極的に成年後見は開始されていないと信じさせる術策を用いた場合が該当するとされていますが、そこまで至らない場合であっても、成年被後見人が普通に人を欺くに足りる言動を用いて相手方の誤信を誘起しまたは誤信を強めたものであればこれに該当し、また、成年後見が開始していることの黙秘は通常は詐術にはあたらないが、他の言動とあいまって相手方を誤信させまたは誤信を強めたと認められるときには詐術にあたるとされています。

そのため、相手方について成年後見が開始している可能性があると考えた場合には、まずは本人についての登記事項証明書の提出を求めるべきですが、それが難しければ、書面にて成年後見が開始していないことの確認を行っておくことで、仮にあとになって成年後見が開始している事実が判明したとしても、当該書面への記入が「詐術を用いた」に当たり、成年被後見人側からの取消権の行使を防ぐことができます。

Q10　保佐人・補助人が付されている方と、企業が取引をする場合の注意点を教えてください。

◆保佐人・補助人が付されている方と取引を行う場合、その取引が保佐人・補助人の同意が必要となる取引か否かを事前に確認することが必要です。
◆保佐人・補助人には特定の法律行為について代理権が付与されていることもあり、保佐人・補助人が被保佐人・被補助人の代理人として企業と取引を行う場合には、企業としては、代理権の有無を事前に確認することが必要です。

A

１　保佐人の同意権・取消権

保佐人には、民法13条１項所定の法律行為及び家庭裁判所が保佐人の同意を要するとして審判を行った法律行為について、同意権が与えられています。当該法律行為が有効に行われるためには、保佐人の同意が必要となり、保佐人の同意なくして当該法律が行われた場合には、保佐人及び被保佐人が当該法律行為を取り消すことができます。

２　保佐人の同意が必要となる民法13条１項所定の行為

保佐人の同意が必要な行為は、以下の行為です。

①元本を領収し、又は利用する行為（１号）

②借財又は保証をすること（２号）

③不動産その他重要な財産に関する権利の得喪を目的とする行為をすること（３号）

④訴訟行為をすること（４号）

⑤贈与、和解又は仲裁合意をすること（５号）

贈与とは、本人が第三者に贈与する場合をいい、本人が贈与を受ける場合は含まれません。

⑥相続の承認若しくは放棄又は遺産の分割をすること（６号）

⑦贈与の申込みを拒絶し、遺贈を放棄し、負担付贈与の申込みを承諾

し、又は負担付贈与を承認すること（７号）

⑧新築、改築、増築又は大修繕をすること（８号）

⑨民法 602 条に定める期間を超える賃貸借をすること（９号）

3　日常生活に関する行為

「日用品の購入その他の日常生活に関する行為」については、保佐人の同意は不要です。立法担当者の解説によれば、「日常生活に関する行為」とは、基本的には、民法 761 条の「日常の家事に関する法律行為」の範囲に関する判例（最判昭和 44 年 12 月 18 日民集 23 巻 12 号 2476 頁）の解釈と同様、本人が生活を営む上において通常必要な法律行為を指すものと考えられています。典型的な例としては、法律の明文として掲げられている「日用品の購入」（食料品・衣料品等の買物）のほか、電気・ガス代、水道料等の支払、それらの経費の支払に必要な範囲の預貯金の引き出し等が挙げられます。そのため、被保佐人の日常生活に関する取引を行う場合には、保佐人の同意を得る必要がないので、企業としても自由に取引ができます。

4　保佐人の同意権の範囲を拡張する審判

被保佐人の判断能力の低下の程度や財産の状況によっては、保佐人等の請求により、家庭裁判所が上記の民法 13 条１項各号に掲げる行為以外の行為をする場合であっても、保佐人の同意を必要とする旨の審判をすることがあります。これを保佐人の同意権の範囲を拡張する審判といいます。保佐人の同意権の範囲を拡張する審判がなされている場合には、審判で同意が必要とされた行為についても保佐人の同意が必要となるため、被保佐人と取引を行う際には、民法 13 条１項各号以外の行為にも保佐人の同意権の範囲が拡張されている可能性も念頭に置きつつ、当該取引が保佐人の同意が必要な行為か否かを確かめることが重要です。

5　補助人の同意権・取消権

補助人には、補助人の同意を要する行為を定める裁判所の審判がなされた特定の法律行為について、同意権が与えられています。当該法律行為が有効に行われるためには、補助人の同意が必要となり、補助人の同意なくして当該法律行為が行われた場合には、補助人及び被補助人が当該法律行為を取り消すことができます。

補助人の同意権の範囲は、保佐人の同意権の範囲よりも限定されており、保佐人の同意を要する法律行為として民法 13 条１項に規定されている法律行為の一部に限られています（民法 17 条１項）。そのため、補助人が付されている方と企業が取引を行う場合には、その取引が民法 13 条１項各号の法律行為に該当するときのみ補助人の同意を要する行為か否かを確認すれば十分で、民法 13 条１項各号の法律行為以外の取引については、補助人の同意を要するか否かを確認することなく取引ができます。また、補助人の日常生活に関する取引を行う場合にも、補助人の同意を得る必要がないので、企業としても自由に取引ができます（民法 13 条１項但書・２項但書）。

６　保佐人・補助人の代理権

家庭裁判所は、審判によって、特定の法律行為について保佐人や補助人に代理権を付与することができます。これを代理権付与の審判といいます。保佐人や補助人は、当然には被保佐人や被補助人の代理権を有するものではありませんが、この代理権付与の審判がなされた場合には、当該特定の法律行為について、被保佐人や被補助人の代理人として取引を行うことができます。そのため、企業が保佐人・補助人の付された方と代理権付与の審判がなされた特定の法律行為を行う場合には、被保佐人や被補助人の代理人である保佐人や補助人と取引を行うことができます。

７　保佐人・補助人の同意権や代理権の範囲を確認する方法

保佐人や補助人の同意権や代理権の範囲を確認する方法として、成年後見登記制度があります。成年後見登記制度とは、保佐開始の審判や補助開始の審判がされた場合、家庭裁判所が法務局に対して成年後見登記の嘱託を行い、保佐人や補助人の権限等をコンピュータ・システムによって登記し、登記官が登記事項を証明した登記事項証明書（登記事項の証明書・登記されていないことの証明書）を発行することによって登記情報を開示する制度です。

【成年後見登記の登記事項証明書に記載されている情報】

（1）　保佐の場合

①保佐開始の裁判を行った裁判所、事件の表示、裁判の確定日等の保佐開始の裁判に関する情報

②被保佐人の氏名、住所等の被保佐人に関する情報

③保佐人の氏名、住所等の保佐人に関する情報

④代理権付与の審判がなされた場合には、「代理権目録」が添付されます。

⑤保佐人の同意権を拡張する審判がなされた場合には、「同意行為目録」が添付されます（民法 13 条 1 項各号に規定される保佐人が当然に有している同意権は登記事項証明書に記載されません。）。

⑥保佐人が数人選任されている場合で、事務を分掌するとき又は共同して権限を行使するときには、「権限行使の定め目録」が添付されます。

（2）　補助の場合

①補助開始の裁判を行った裁判所、事件の表示、裁判の確定日等の補助開始の裁判に関する情報

②被補助人の氏名、住所等の被補助人に関する情報

③補助人の氏名、住所等の補助人に関する情報

④代理権付与の審判がなされた場合には「代理権目録」が添付されます。

⑤補助人に民法 13 条 1 項所定の行為の一部に対して同意権付与の審判がなされた場合には、「同意行為目録」が添付されます。

⑥補助人が数人選任されている場合で、事務を分掌するとき又は共同して権限を行使するときには、「権限行使の定め目録」が添付されます。

このように成年後見登記の登記事項証明書には、代理権目録や同意行為目録に、保佐人や補助人に代理権や同意権が付与されている行為が記載されています。そのため、保佐人や補助人が付されている方と企業が取引を行う場合には、この登記事項証明書を取得して、その記載内容を確認すれば、当該取引が保佐人や補助人に代理権や同意権が付与されている取引か否かが分かります。

もっとも、成年後見登記の登記事項証明書は、本人のプライバシー保護の観点から、企業側が取引相手であることを理由に請求することができません。そのため、企業としては、取引相手に保佐人や補助人が付されている可能性がある場合には、取引相手に対して、成年後見登記の登記事項証明書や登記されていないことの証明書の提出を求め、保佐人や補助人が付されているか否か、保佐人や補助人の権限の範囲を確認することが重要になります。

8　保佐人や補助人の同意を得ずに取引を行ってしまった場合

企業が保佐人や補助人が付されている方と既に同意を得ずに取引を行ってしまい、後になって当該取引が保佐人や補助人の同意が必要となる取引であったことが判明した場合、企業としては、当該取引がいつ取り消されるか分からない状態が続くことになってしまいます。このような場合、企業としては、取引相手に対して、１か月以上の期間を定めて、その期間内にその取り消すことができる行為を追認するかどうかを確答するよう催告を行うことによって、当該取引が有効か無効かを確定させることができます。ただし、催告を誰に行うかによって、当該取引が有効に確定するか、あるいは無効に確定するかが変わるため、注意が必要です。

(1)　当該取引当時保佐人や補助人が付されていたが、その後に保佐開始の審判や補助開始の審判が取り消され、行為能力者となった取引相手に対して催告を行う場合

その者が期間内に確答を発しない場合には、追認したものとみなされ、当該取引は有効に確定します。

(2)　取引相手に未だ保佐人や補助人が付されている場合に、その保佐人や補助人に対して催告を行ったとき

これらの者が期間内に確答を発しない場合には、追認したものとみなされ、当該取引は有効に確定します。

(3)　取引相手に未だ保佐人や補助人が付されている場合に、被保佐人や被補助人である取引相手に対して、保佐人または補助人の追認を得るよう催告を行ったとき

その者が期間内に保佐人や補助人の追認を得た旨の通知を発しない場合には、取り消したものとみなされ、当該取引は無効に確定します。

企業としては、上記３つの催告のいずれかを行うことによって、保佐人や補助人の同意を得ずに行ってしまった取引が有効か無効かを確定させることができます。また、保佐人や補助人の同意を得ずになされた取引の取消権については、追認をすることができる時から５年間、又は当該取引が行われた時から 20 年を経過した場合、時効によって消滅します。時効によって取消権が消滅した場合には、企業側から上記催告を行う必要はなく、当該取引は有効で確定します。

第３章
後継者（子ども・親族）引き継ぎと法律・税金

Q11　70歳となり、現在経営している会社を子どもに継がせたいと思っています。生前に、子どもに会社を継がせるには、どのような方法があるか教えてください。

◆会社を継がせるには、「何を」継がせるのか、「どうやって」継がせるのかという問題があります。
◆「何を」継がせるのかについては、①株式（議決権）②事業用資産がポイントとなります。
◆「どうやって」継がせるのかは、売買による方法と、生前贈与による方法があります。
◆売買による方法の方が、確実性が高いですが、後継者の経済的負担が重くなってしまいます。
◆生前贈与による方法は、後継者の経済的負担が軽いですが、贈与税の問題や、遺留分の問題が生じ得ます。
◆贈与税の問題や遺留分の問題は、いずれも対応策が設けられています。

A

1　はじめに

会社を後継者に継がせることには、法的な側面だけでなく、ビジネス上の側面もあります。中小企業庁が作成している事業承継ガイドラインによれば、事業承継は、「人（経営）の承継」「資産の承継」「知的資産の承継」と３つの構成要素からなると説明されています。

それぞれの要素を説明すると、「人（経営）の承継」とは、後継者を選定し、後継者が代表取締役に就任するという要素、「資産の承継」とは、事業を行うために必要な資産を後継者に移転させるという要素、

「知的資産の承継」とは、会社のブランド力や、顧客や取引先とのネットワーク、従業員との信頼関係等、貸借対照表の資産の部には表れない資産を後継者に移転させるという要素です。

ここでは、法的な側面が中心となる「資産の承継」を「何を」継がせるのか、「どうやって」継がせるのかに分けてご説明いたします。

2 「何を」継がせるのか

「何を」継がせるのかでポイントとなるのは、①株式（議決権）、②事業用資産です。

場合によっては、債務（経営者保証）も、問題となりますが、その問題については、Q16 をご覧ください。

(1)　株式（議決権）

代表取締役個人が保有する株式を、生前に、後継者に移転させないまま、相続が発生すると、この株式は、後継者と他の相続人との共有物となります。共有状態の株式は、その権利行使に制限がかかるため、事業活動の円滑な遂行に支障を及ぼします。

また、過半数の議決権を有する株主は取締役の選解任権を有し、３分の１以上の議決権を有する株主は定款変更やＭ＆Ａに対して拒否権を有しています。他にも、全体の３％の株式を有する株主は、会社の帳簿の閲覧謄写を請求する権利を有しています。

そのため、株式が分散すると、後継者が代表取締役から解任される、後継者が思うように事業活動を行えない、株主対応に時間を割かれる等のリスクが生じ得ます。

したがって、後継者が安定して経営を行えるようにするには、生前に後継者へ 100％の株式を集中させることが望ましく、最低でも、２分の１以上の株式（議決権）を承継させる必要があると考えられます。

(2)　事業用資産

事業用資産とは、会社の事業に関連している代表取締役個人の資産のことです。典型的な例としては、工場が建てられている代表取締役所有の敷地や代表取締役の会社への貸付金があげられます。

事業用資産も、後継者に継がせる対象としないまま、相続が発生すると、他の相続人間でトラブルの原因となります。

上記の例でいうと、工場の敷地は、後継者と他の相続人との共有物となるため、後継者が他の相続人の持分を買い取る必要が出てくる可能性があります。また、貸付金は、相続により各相続人に分割されるため、他の相続人が、会社に対して貸付金の返還請求をしてくるおそれがあります。

したがって、事業用資産についても、後継者へ承継させる必要があります。

３　「どうやって」継がせるのか

次に、上記２の資産を「どうやって」移転させるのかという問題です。

以下のとおり、売買による方法と、生前贈与による方法という２つの方法があります。

(1)　売買による方法

これは、子どもが親に対して、対価を支払って、上記２の資産を譲り受けるという方法です。

後述する遺留分の問題が生じないため、確実性が高い方法といえることがメリットです。

一方で、子どもが対価を支払えるほどの資金力が必要となることと、高額な譲渡所得税が発生してしまうことがデメリットです。

なお、著しく安い価格で譲渡をすると、時価との差額は贈与とみなされ、贈与税が発生する（相続税法７条）ほか、遺留分の問題にもなり得る点には注意が必要です。

(2)　生前贈与による方法

これは、子どもが親から、無償で、上記２の資産を譲り受けるという方法です。上記（1）の売買による方法と比較して、子どもの経済的負担が軽い点がメリットといえます。

一方で、贈与税が発生してしまう点がデメリットといえますが、この点は、事業承継税制によって、対応することが可能です（事業承継税制については、Q20をご覧ください。）。

また、デメリットとして、以下のとおり、後継者である子ども以外に推定相続人がいる場合等、遺留分の問題が生じる可能性があります。最悪の場合、親の死後、後継者以外の子どもが遺留分を主張して、会社経営に影響を及ぼすことがあり得ますが、一定の対策が可能です。

ア　遺留分はどんな場合に主張され得るのか

遺留分とは、被相続人（本件では親）の財産のうち、法定相続分の２分の１について保障されている権利であり、（例えば、相続人が子ども２人のみであれば、それぞれ４分の１が遺留分となります。）遺留分を侵害する贈与等がされると、侵害分について、贈与を受けた者等に対し、金銭を請求することができます。

遺留分の基準となる財産は、被相続人の死亡時の財産のみならず、原則として死亡時から10年以内の相続人への贈与も含まれますので、上記の例でいえば、10年以内に行われた生前贈与を含めた親の財産の４分の１が後継者でない相続人の遺留分となります。

そして、会社経営者の多くの場合、その資産は、株式や事業用資産などの会社の経営に影響する資産が大半であると予想されることから、後継者のみに、これらの資産を承継させると、後継者でない相続人の遺留分を侵害する可能性があり、後継者でない相続人が遺留分の主張をするおそれがあります。

イ　遺留分の主張がなされるとどうなるのか

後継者でない相続人から遺留分が主張されると、後継者は、遺留分侵害分を個人の資産から金銭で支払う必要があります。

ウ　対策方法としてどのようなものがあるか

遺留分の問題の対策として、以下の方法が考えられます。

㈠　遺留分の放棄

遺留分は、相続が発生する前であっても、放棄をすることができます。そのため、他の推定相続人に遺留分を放棄してもらうという方法です。

しかし、この方法は、放棄する推定相続人が自ら家庭裁判所に申立てる必要があり、ハードルが高い制度です。

㈡　民法特例での除外合意、固定合意

生前贈与する財産を遺留分の対象から除外する合意（除外合意）や生前贈与する財産の評価額を予め固定する合意（固定合意、遺留分の算定の基準時が現在の時点となってしまうことから、生前贈与後に、株式の価値が上昇した場合に備え、贈与時の価格で評価額を固定させるというもの）を推定相続人間で書面によって合意し、その後、後継者が、経済産業大臣の確認と家庭裁判所の許可を取得するという方法です。

上記㈠の遺留分の放棄よりも、他の推定相続人が自ら家庭裁判所へ申立てる必要がない点で、利用しやすくなっています。

㈢　早期の生前贈与

上記アのとおり、遺留分の基準となる被相続人の財産に算入される生前贈与は、原則として、死亡時から10年前のものに限られるため早期に生前贈与をしておくことは、遺留分の問題が発生しにくくする効果があると考えられます。

㈣　生命保険の活用

他の相続人から遺留分の主張をされてしまうことを念頭におき、予め遺留分の原資を用意しておくという方法も考えられます。それは、生命保険を活用するという方法です。生命保険の死亡保険金は、遺留分とは関係がないため、受取人を後継者とし、遺留分の原資にするという方法が考えられます。

	メリット	デメリット
売買による方法	・遺留分の問題が生じず、確実性が高い方法である。	・子どもの経済的負担が重い。 ・高額な譲渡所得税が発生してしまう可能性がある。
生前贈与による方法	・子どもの経済的負担が軽い。	・贈与税が発生する。（ただし、対応策あり。） ・遺留分の問題が生じ得る。（ただし、対応策あり。）

【参考文献】

・中小企業庁「事業承継ガイドライン」
・東京弁護士会中小企業法律支援センター、弁護士研修センター運営委員会編「弁護士専門研修講座これだけは押さえておきたい！事業承継支援の基礎知識」（ぎょうせい、2019 年）

Q12　私は、これまで仕事一筋で自分の会社を大きくしてきました。私は結婚しており、私達夫婦には、子どもがいませんが、私には兄と姉がいます。私が死亡した場合、私が持っている会社の株はどのように相続されますか。

◆株式の相続の法的性質
◆準共有中の権利行使
◆株式の名義書換
◆売渡請求
◆株式会社以外の会社の相続
◆相続における株式の評価方法

A

1　株式の相続の法的性質

被相続人が生前有していた株式は、相続開始とともに相続人全員に準共有されます（民法264条。最判昭和45年1月22日民集24巻1号1頁）。預貯金のような金銭債権は可分債権であり、相続開始とともに、遺産分割を待たずに法定相続分に応じて各相続人に分割されますが、株式は、当然には分割されません。これは、株式は、単に配当を受領する権利あるいは売却して代金を受領するといった金銭的価値のみを有するわけではなく、議決権行使等の会社の経営に関与する権利の性質を有していることから、可分債権とは考えられないことによります。

したがって、設例においても、相続開始とともに株式が各相続人に分割されるわけではなく、ひとまず、相続人らに準共有されます。この準共有状態を解消するためには、協議によって遺産分割を行うか、協議が整わない場合は、家庭裁判所に遺産分割審判を請求することによって、遺産分割を行う必要があります。

なお、設例において、法定相続分どおりに株式を相続する場合、被相続人に子及び直系尊属がいないときは、被相続人の兄弟姉妹も相続人となるため、配偶者が２分の１、被相続人の兄・姉が各４分の１の法定相続分の株式を相続します。

2　準共有中の株主の権利行使

以下において、株式が準共有された場合における相続人の権利行使方法を見ていきます。

（1）会社法 106 条本文について

会社法は、会社が共有株式の権利行使を円滑に処理できるようにするため、相続人が、準共有状態にある株式について株主権を行使するためには、共同相続人間で権利行使者１名を選び、会社に対してその旨を通知することを必要とし、指定された権利行使者のみが、株主権を行使することができるとしています（会社法 106 条本文）。そして、権利行使者は、株式持分の価格にしたがい、その過半数をもって決めることができるとされています（最判平成９年１月 28 日判タ 936 号 212 頁）。過半数で決することができるとされている理由は、もしも相続人のうちの一人でも権利行使者の指定に反対すると、共有株式全部の権利行使が不可能になり、会社の運営に支障が生じ得るためです。

また、権利行使者は、自己の判断で株主権を行使することができ、たとえ共有者間での合意に違反していても、有効な権利行使となります（最判昭和 53 年４月 14 日民集 32 巻３号 601 頁）。

よって、遺産分割協議が成立する前に、株主権を行使したいときは、相続人間で権利行使者の指定を行い、会社に対して通知をしたうえで、権利行使者が権利行使をする必要があります。

（2）会社法 106 条但書について

会社法 106 条本文は権利行使者の指定・通知を求めますが、会社法 106 条但書は、会社が同意すれば、株式の共有者は、権利行使者の指定・通知を行わなくとも、権利を行使することができると定めています。これは、権利行使者の指定・通知が会社の事務処理上の便宜のための制度であることから、会社がその方法によらずに相続人の権利行使を認めることを許容するものです。

なお、共有者の株主権行使が民法の共有の規定に違反してされた場合には、会社が同意したとしても、当該株主権行使は有効にはなりません（最判平成27年2月19日民集69巻1号25頁）。

３　株式の名義書換

株式譲渡は、株式を取得した者を株主名簿に記載しなければ、会社その他の第三者に対して対抗することができません（会社法130条1項）。これは、相続の場合にも該当するため、株主であることを会社に対抗するためには、株主名簿の名義書換をする必要があります。

したがって、遺産分割成立後に相続人が権利行使を行う場合には、名義書換を行っている必要があります。

４　売渡請求

中小企業においては、会社（経営者）が望まない相続人が株主となることや、大株主の死亡・相続発生によって同人所有の株式の権利行使が困難となる事態を避ける必要があるため、株式会社においては、譲渡制限株式に限り、相続その他の一般承継により株式を取得した者に対し、株式を会社に売り渡すことを請求することができる旨を定款で定めることができます（会社法174条）。相続により株式の共有が生じた場合、共同相続人の一人に対して共有持分の売渡請求をすることも可能です（東京高決平24年11月28日資料版商事法務356号30頁）。

この制度により、相続等による株式の分散化を防止できるため、中小企業における事業承継の事前対策として有用です。

売渡請求を行うための手続として、会社は、売渡請求をする都度、株主総会の特別決議で売渡請求をする株式の数及び売渡請求をする株式を有する者（相続人等）の氏名又は名称を定める必要があります。当該決議がなされたときには、会社は、当該相続人に対して、決議に係る株式の売渡を請求することができますが、この請求は、相続その他の一般承継があったことを知った日から1年以内に限り、行うことができます（会社法176条1項）。

売買価格は会社と当該相続人との協議によって定めますが（会社法177条1項）、協議が整わない場合には、会社または当該相続人は、売渡請求の日から20日以内に、裁判所に対し、売買価格の決定の申立をすることができます（会社法177条2項）。

5　株式会社以外の会社の相続

これまで株式会社における株式の相続を念頭において説明したので、以下において、その他の形態の会社における社員権の相続について説明します。

有限会社は、会社法の施行に伴い、株式会社として存在することとなりました（会社法の施行に伴う関係法律の整備等に関する法律2条）。それにより、社員権は相続の対象となります。

合名・合資・合同会社においては、社員の死亡が法定退社事由と定められていることから（会社法607条1項3号）、社員権は相続の対象とはなりません。もっとも、相続人は、死亡した社員の社員としての権利義務を承継するため、持分の払戻請求権などの権利を相続しますが、持分払戻請求権については、相続人が複数いる場合、遺産分割協議が成立するまでは、各相続人は遺産について抽象的・潜在的持分を有するにすぎないとされています（神戸地判平成8年3月12日判タ922号285頁）。

なお、持分会社において、相続人が被相続人の持分を承継する旨を定款で定めることもでき（会社法608条）、その場合には退社に伴う持分払戻は認められません（会社法611条但書）。

6　相続における株式の評価方法

上場株式などの取引相場において取引価格が公表されているものは、それによって評価します。審判時に近接した基準日に公表されている取引価格を評価額とするほか、一定期間の平均額が評価額とされることがあります。

非上場株式は、評価の客観的な基準となる取引価格が存在しないため、以下のような、種々の評価方法により、算定します。

①会社の総資産価額から負債等を控除した純資産価額を発行済株式数で除して評価する方法

②会社の配当金額を発行済株式数で除して評価する方法

③会社の類似業種の事業を営む会社群の株式をもとに評価する方法

④税務上の評価基準である財産評価基本通達に基づいて評価する方法

【参考文献】

本文中で引用したもののほか、

・谷口知平ほか「新版注釈民法（27）相続（2）［増補版］」73〜74 頁（有斐閣、2013 年）

・山下友信編「会社法コンメンタール４　株式［2］」118〜133 頁（商事法務、2009 年）

・江頭憲治郎「株式会社法（第７版）」121〜124 頁（有斐閣、2017 年）

・伊澤大介「判批」判タ 1443 号５頁　14〜15 頁（2018 年）

・冨上智子「判批」ジュリスト 1495 号、92〜94 頁（2016 年）

・福島洋尚「権利行使者の指定・通知を欠く準共有株式の権利行使と会社の同意」金融・商事判例 1470 号２〜７頁（2015 年）

Q13　自分が元気なうちに子どもに会社を継がせたいと思っています。ですが、子どもが一人で経営を行い、大きな失敗をしないか心配です。子どもに会社を継がせながら、経営の重要な決定に意見をいう方法はありませんか。

◆代表取締役複数名体制
◆黄金株の利用

A　子ども等の親族を後継者として事業承継を行う場合、事業が会社形態をとっているのであれば、代表取締役による経営権の承継と、株式の移転による所有権（議決権）の承継を行うことになります。

1　代表取締役複数名体制

代表取締役による経営権の承継に関しては、まずは、現経営者も、後継者たる子どもも、代表取締役になるという方法が考えられます。例えば、現経営者は代表取締役会長、後継者は代表取締役社長になる場合などです。

株式会社は、代表取締役を複数名置くことができます（但し、定款上、代表取締役の定数が１名となっている場合には、定款を変更する必要があります。）。代表取締役が複数名いる場合、その代表取締役はそれぞれに株式会社の業務に関する一切の裁判上又は裁判外の行為をする権限を有します（会社法349条４項）。

したがって、現経営者が代表取締役として残り続けることで、現経営者は経営の重要な決定に関与することが可能です。

2　拒否権付種類株式（黄金株）の利用

仮に現経営者が代表取締役として残ったとしても、例えば、株式を全て後継者に譲渡してしまい、その後、現経営者と後継者の意見が対立し、後継者が現経営者を経営から排除したいと考えた場合、後継者は株主として現経営者を取締役から解任し、経営から排除することが可能です。後継者がそこまではしないとしても、いざとなったら経営から排除されるという立場では、経営に対する決定的な支配力を保ち続けるのは困難でしょう。

このような事態を防ぎ、現経営者が経営の重要な決定に影響力を持つ方法として、拒否権付種類株式の利用が考えられます。

(1)　拒否権付種類株式（黄金株）の概要

拒否権付種類株式とは、株主総会・取締役会・清算人会において決議すべき事項のうち、当該決議のほか、当該種類の株式の種類株主を構成員とする種類株主総会の決議があることを必要とするものをいい、「黄金株」とも呼ばれます。

会社が拒否権付種類株式を発行する場合には、定款で、①株主総会・取締役会・清算人会の決議事項のうち当該種類株主の決議があることを必要とするもの、及び、②当該種類株主総会の決議を必要とする条件を定めるときはその条件を定めなければいけません。①の事項については、定款の定めに従い、株主総会・清算人会の決議のほか、拒否権付種類株式の株主による種類株主総会の決議がなければ、その効力を生じません。つまり、①の事項については、株主総会・取締役会等の決議のほか当該種類の株式の種類株主を構成員とする種類株主総会を要することとなるため、当該種類株主には「拒否権」が与えられることとなるのです。

拒否権の対象となる事項は、株主総会・取締役会・清算人会において決議すべき事項であり、それ以外の限定は付されていません。例えば、代表取締役の選定、株式・社債の発行、重要財産の譲受等、会社経営に関する重要な事項を拒否権の対象とすることができます。

この拒否権付種類株式を現経営者が保有し、種類株主総会における議決権行使をすることで、特定の重要事項についてコントロールを及ぼすことができます。

(2) 拒否権付種類株式（黄金株） の注意点

ア　予期せぬ第三者の手に拒否権付種類株式が渡ることを防ぐ

拒否権付種類株式はその別名（黄金株）の通り、強力な権限を持つものです。ですから、拒否権付種類株式が現経営者の手から意図しない人の手に渡ると、会社経営に対する大きなリスクとなります。

例えば、現経営者が突然亡くなり、現経営者の保有する拒否権付種類株式が会社経営に全く関与していない親族に相続され、その親族がいたずらに拒否権を行使すると、後継者は思うように会社経営をすることができなくなってしまいます。

そこで、拒否権についての定めと併せて、「株主の死亡」を取得条件とする取得条項についても定めることで、上記のような弊害を避けることが考えられます（但し、取得対価は分配可能額による財源規制を受けるため、注意が必要です。）。

また、拒否権付種類株式が何らかの理由により現経営者から第三者に譲渡される事態に備えて、譲渡制限株式としておくことも考えられます。

イ　上場を視野に入れている場合

拒否権付種類株式は閉鎖会社で多く用いられますが、上場会社が拒否権付種類株式を発行することも、会社法上は制限されていません。しかし、上場会社による拒否権付種類株式の発行は一般株主の権利を害する結果となることが多いため、証券取引所の上場規則において制限がなされています。

したがって、今後、上場を視野に入れている場合には、拒否権付種類株式の導入は慎重に検討する必要があります。

(3) 拒否権付種類株式（黄金株） の発行手順

拒否権付種類株式を発行するには、まず、株主総会の特別決議による定款変更が必要です。

Q14 この前、私は長年経営していた自分の会社を子どもに引き継ぎ、今は非常勤の取締役をしています。役員も責任追及として損害賠償をされるリスクがあると聞いたのですが、取り得る対策はありますか。

◆株主代表訴訟
　①株主代表訴訟と取締役の責任
　②責任限定契約
　③責任免除決議
◆取締役の第三者に対する損害賠償責任
◆判例に見る責任追及の実際
◆役員賠償責任保険

A　1　株主代表訴訟

（1）　株主代表訴訟と取締役の責任

株主代表訴訟とは、株式会社において、株主が会社を代表して取締役・監査役等の役員等に対して法的責任を追及するために提起する訴訟のことをいいます。同族会社であっても、取締役が株主から訴えられる可能性はゼロではありません。

取締役は会社との間で委任関係にあり、取締役としての善管注意義務や忠実義務に従わず、その任務を怠れば会社に対して損害賠償責任を負います（会社法 423 条１項）。

会社が取締役の損害賠償責任を追及する場合、監査役設置会社であれば監査役が会社を代表して責任追及するのですが、監査役が取締役との個人的な関係により責任追及を行わない場合に備えて、株主が会社に代わって取締役の責任を追及する訴訟を提起できるようにしたものです。

（2）　責任限定契約

ご質問では「非常勤の取締役」ということですが、仮に業務執行取締役の地位を離れてから 10 年以上が経過するなど、「社外取締役」の要件（会社法２条15号）を満たしている場合は、責任限定契約（会社法427条）の締結による、損害賠償リスクの軽減が考えられます。

具体的には、定款変更により、株式会社が定めた一定額と法令上の最低責任限度額とのいずれか高い額を限度とする旨の契約を社外取締役と締結することができる旨を定め、会社と責任限定契約を締結します。

これにより、当該社外取締役が職務を行うにつき善意かつ重大な過失がないときは、損害賠償責任を一定限度にとどめることができます。

(3)　責任免除決議

「非常勤の取締役」であっても業務執行を担当している場合や、業務執行取締役の地位を離れてから10年以上が経過していない場合などは、「社外取締役」の要件を満たさないと考えられますので、責任限定契約の締結ではなく、株主総会の特別決議によって個別に責任の一部を免除することが考えられます。

具体的には、仮に取締役の任務懈怠が認められた場合でも、当該取締役が職務を行うにつき善意でかつ重大な過失がないときは、株主総会の特別決議により、賠償責任額から法令上の最低責任限度額を控除して得た額を限度として、損害賠償責任を一部免除することができます。

2　取締役の第三者に対する損害賠償責任

会社の債権者や取引先等の第三者との間では、取締役は特別な法定責任を負います。すなわち、会社法429条１項は、「役員等がその職務を行うについて悪意又は重大な過失があったときは、当該役員等は、これによって第三者に生じた損害を賠償する責任を負う。」と定めています。

例えば、到底代金を弁済できないことが明らかであるにもかかわらず第三者から多額の仕入れを行った結果、会社が債務超過に陥り、第三者に対する弁済が不可能になった場合、取締役が到底代金を弁済できないことを知っていた（悪意）か、少しでも注意すれば容易に知ることができたのにこれを漫然と見落とした（重大な過失）などの場合、取締役は仕入れ先である第三者に対して損害賠償責任を負う可能性があります。

なお、積極的に業務に関与しない「非常勤の取締役」であれば、代表取締役や他の取締役の任務懈怠行為につき「悪意又は重大な過失」の要件を満たさない場合もあるかもしれません。しかし、下記３（2）にご紹介する判例では、支配株主である代表取締役が独断専行により業務を行っていた場合に、この状態を放置した他の取締役に「悪意又は重大な過失」が認められました。

また、会社法429条２項は、取締役会が承認した新株発行の募集資料や決算書等の計算書類の重要な事項に関する虚偽記載があった場合は、「悪意又は重大な過失」ではなく「注意を怠った」だけでも第三者に対する損害賠償責任を負うと定めておりますので、「非常勤の取締役」であっても十分な注意が必要です。

3　判例に見る責任追及の実際

法律の条文を読むだけでは、法律の専門家でない限り、実際にどのような場合にどのような責任追及が行われ、結果としてどのような責任が裁判所に認められることになるのかを理解するのは容易でありません。

そこで、判例を見ることによって、責任追及の実際を理解することがリスク対策として極めて重要です。

（1）最判平成12年10月20日判タ1049号225頁

この判例では、会社が親会社から不動産を不適正に高額な価格で購入し、購入価格と客観的な正常価格との差額の損害を被ったことに関し、株主代表訴訟を通じて、代表取締役とその他の取締役に対する責任追及が行われました。

第一審は、問題となる決定を行った取締役会の決議を棄権した非常勤取締役にも監視義務違反があったとして全ての出席取締役の損害賠償責任を認めたのに対し、控訴審は、購入に関与した常勤の取締役は会社に対する損害賠償責任を免れないが、購入に関与せず取締役会の決議を棄権した非常勤の社外取締役は監視義務を怠ったとは認められず、会社に対する損害賠償責任を負わないと判示し、最高裁はこれを認めました。

社外取締役の責任に関する限界的な事例を示した判例といえます。

(2) 最判昭和48年5月22日判タ297号218頁

この判例では、A社は、支配株主（オーナー）であるY1が代表取締役を務め、他にY2、Y3が取締役、Y4が監査役を務めていました。A社は創立総会も株主総会も開いたことがなく、正式な取締役会も開いたことがありませんでした。業務はY1が独断専行し、会計帳簿もほとんど作成せず、監査役の監査も受けていませんでした。

このような状況で、Y1は他の取締役に相談することなく事業拡張のために900万円の融通手形をB宛てに振り出しましたが、Bにだまされて資金を得られず、A社は手形金支払義務だけ残して倒産しました。手形の所持人であるXらはA社の倒産により手形金の支払を受けられず、手形金額相当の損害を被りました。

最高裁は、他の取締役につき、代表取締役の業務執行一般に対する監視義務違反がある点で「重大な過失」があるとして第三者に対する損害賠償責任を認めました。

非常勤であれ、取締役である以上は、代表取締役や他の取締役の行為を監視する責任があると理解しておくのが得策です。

4　役員賠償責任保険

上記のように、非常勤の取締役であっても、損害賠償責任を問われるリスクを完全に解消することは困難です。そこで、いわゆる役員賠償責任保険、別名D&O保険（Directors & Officersの略）という保険商品が販売されています。

保険商品としての内容は、提供する各保険会社によって異なりますが、一般に、役員が法律違反を認識しながらあえて行った行為に起因する損害賠償や、役員が行った犯罪行為に起因する損害賠償等は、保険金の支払対象にならないと思われます。

保険をかけたことであらゆる損害賠償リスクを回避することはできませんが、一定の対策としては有効といえるでしょう。

Q15　私が経営している中小企業は、リーマンショック後赤字が数年間続きましたが、近時黒字に転換し業績も向上しつつあります。できれば、この会社を長男に継がせたいと考えるようになりました。しかし、当社には、資金を捻出できる遊休資産はありませんし、赤字の時期に累積した負債が多額で実質債務超過状態にあり、現在の利益では債務超過解消には長期間を要します。負債の大部分は金融機関からの借入ですが、事業を承継する子どもの負担を減らす方法はないでしょうか。

◆中小企業の再生では、中小企業再生支援協議会のスキームを検討する。

A

1　債務の削減の手段

会社の過剰債務を削減する手段を考えてみましょう。金融機関や取引先に迷惑をかけない方法としては、あなたや親族の方が、「増資」をして増資金で会社の過剰債務を削減する方法があります。

増資ができる状況にない場合の債務削減の手段としては、①民事再生手続や会社更生手続といった裁判所の手続を活用する「法的整理」、②裁判所外の手続で金融機関から債務免除やDES（金融債務の株式化）などを受けて債務を削減する「私的整理」の手続があります。

2　法的整理と私的整理

事業価値の棄損や風評被害を極力発生させないようにしつつ、企業を再出発させるために企業の過剰債務を削減する手段としては、法的整理より私的整理の方が優れています。

法的整理では、金融債権者ばかりでなく仕入先などの取引債権者の債権も削減の対象になりますので、取引先から取引停止、取引制限、支払いサイトの短縮などを求められ、事業が棄損してしまいます。また、法的整理では、マスコミ報道や信用調査会社の企業倒産情報などで法的整理の事実が公になってしまい、消費者から購入を回避されるなどの風評被害による事業棄損が発生します。

他方で、私的整理では、取引金融機関の金融債権のみを削減の対象債権として、手続を進めることが可能です。私的整理の実務では、ほとんどのケースで金融債権のみを権利調整の対象債権とし、仕入先や運送会社などの取引債権者の債権については、従来通りの支払いを行います。したがって、資金繰りに問題がなければ、私的整理を開始しても従前と変わりなく事業を運営できます。このように、私的整理では、事業価値を棄損することなく事業を継続しつつ、過剰債務の削減を行って事業の再生を進めることができるのです。そして、金融機関が私的整理の事実を秘密にしてくれる限り、風評被害が発生することもありません。

私的整理では、原則として私的整理に参加するすべての債権者が、事業再生計画に同意してくれないと私的整理は成立しません。多数決で成立する法的整理との違いです。私的整理を試みて、全債権者の同意が取れないときは、法的整理に進まざるを得ないことになります。

ところで、私的整理に参加した債権者が、なぜ事業再生計画に同意するのでしょうか。それは、会社を破産させて清算してしまうより、債権を一部免除してでも会社を再生させた方が、債権の回収が多くなること、将来の取引利益に繋がること、従業員の雇用と生活を守れること、再生により事業が残るので地域経済の傷みも少ないことからです。

このように、私的整理で会社の再生を目指すことは、一方的な債権の調整や踏み倒しではなく、事業再生計画を作り同意を得る過程において、債権者と債務者が納得できる調整点を探る手段であるということができます。以上に明らかな通り、事業再生においては、まず私的整理を試みることを考えるべきでしょう。

3　第三者機関を活用した私的整理

再生を目指す私的整理には、大きく分けて「純粋私的整理」と「準則型私的整理」の２つがあります。

純粋私的整理は、事業再生の経験豊富な弁護士などが中心となって手続を進行させ、コンサルタント、公認会計士、税理士などの財務、税務、ビジネスの専門家と協力して事業再生計画案を作り、金融機関の意見を聴取して調整を行い最終的な再生計画案を策定します。この調整を経た最終計画案について、金融機関の同意を得て事業再生を実現します。純粋私的整理は、法律専門家で信頼できる弁護士が債務者代理人となり、金融債権者とバンクミーティングを重ねながら計画づくり、合意形成を進めます。しかし、債権者でも債務者でもない完全に中立的な第三者を入れずに手続を進める点で純粋私的整理は、手続の厳格性、公正性が完全でない面があります。したがって、純粋私的整理に向く案件は、①金融機関数が少なく合意が取り易い案件、②金融支援の内容が、リスケジュール、金利の減額、債務の劣後ローンへの転換の範囲内で、金融機関の金融支援の内容が比較的軽い案件である場合です。

本件のように、金融機関に対し債権放棄という、最も重い金融支援を求める場合には、中立性のある第三者機関を関与させて、透明性と公正さが担保されたより厳しい手続で私的整理を進める準則型私的整理の手続で進めるのが原則です。**準則型私的整理**で現在利用頻度の高いものは、「中小企業再生支援協議会のスキーム」と上場会社や中堅会社以上の大型案件向きの「事業再生 ADR」の手続があります。

中小企業の場合は、中小企業の事業再生を支援するための公的機関として、全国 47 都道府県に設置されている中小企業再生支援協議会を利用するのが便利です。

４　中小企業再生支援協議会の活用

再生支援協議会は、中小企業の事業再生に対する取り組みを支援する「国の公的支援機関」として、全国 47 都道府県にあります。

窓口相談（第一次対応）では、常駐の専門スタッフ（金融機関経験者、公認会計士、税理士、中小企業診断士など）がおり、無料で事業再生に向けた取り組みの相談が受けられます。そして、相談の結果、再生計画の策定を支援することが相当と判断された案件については、**再生計画策定支援（第二次対応）**を行ってくれます。

再生支援協議会は、①公正中立な第三者機関の立場で、中小企業の再生支援を行うこと、②守秘義務があり、相談企業の名前や相談内容が外部に漏れることがないこと、③事業・財務の両面からアドバイスを行い、事業の改善を支援することを特徴とする再生支援機関です。

あなたの会社のように、金融機関に債権放棄を依頼する案件では、メインバンクに相談に行くことをお勧めします。原則として、メインバンクの協力がないと再生支援協議会による再生計画策定支援（第二次対応）が開始されませんので、このような手順を踏むのが普通です。一人で金融機関に行くことが不安であれば、事業再生に知見のある弁護士に相談し、同行を依頼すると良いでしょう。

債権放棄をともなう事業再生案件では、メインバンクに相談しその理解を得て、メインバンクと共同で再生支援協議会に持ち込むのが、最もオーソドックスな方法です。再生支援協議会は、各都道府県にある第一地方銀行と第二地方銀行のOBや出向者が専門家スタッフであるケースが多く、地銀がメインバンクのときは、再生支援協議会はより使い易い制度であるように感じます。

また、メインバンクやサブメインバンクと相談しにくい事情がある場合、利用の実情や費用負担などを確かめたい場合は、中小企業自ら直接地元の再生支援協議会へ相談に行くことも可能です。

5　再生計画策定支援（第二次対応）

いわゆる二次対応の進行について、説明します。

①再生支援協議会は、再生策定支援の対象となった相談企業について、財務DD（デューデリジェンス・調査）と事業DDを実行して、相談企業の実態を正確に把握し、事業DDの結果判明した事業改善施策を含む事業計画の策定の支援を行います。

②出来あがった事業計画について、さらに外部専門家の公認会計士、税理士などにより、数値について検証を受けます。

③専門家の検証後、リスケジュール、債権放棄、事業譲渡などの再生手法の選択を再生支援協議会の支援の下で行い、相談企業は再生計画の策定を行います。策定された再生計画を債権者会議で説明します。

④この再生計画の検証を外部専門家に依頼して、計画検証を行います。債権放棄を含む再生計画の場合は、外部専門家である公認会計士ないし税理士による検証、および弁護士による検証が必要であり、両者から「再生計画調査報告書」が作成されます。

⑤債権者会議を開催して、再生計画調査報告書の説明を行い、金融機関の合意を取ります。

6　第二次対応に要する期間と費用

再生支援協議会の手続で、債権放棄を伴う再生計画で事業再生を進めるには、外部専門家による検証をしてもらうことが必要になりますので、再生支援協議会が再生計画策定支援対応（第二次対応）を開始してから、手続が終わるまで６ヶ月間程度の時間がかかります。

最後にどの程度の費用を相談企業が負担するのかの点ですが、債権放棄の案件では、専門家に支払う費用の一部として200万円から300万円程度を負担することとなります。つまり、実際の専門家費用は、通常400万円から600万円ほどかかりますが、国の補助があり、相談企業の負担額は半額となります。再生支援協議会にご確認ください。

7　債務の削減計画の考え方について

再生支援協議会の手続で、債務免除を含む再生計画を作る場合は、相談企業が、①３年以内に黒字転換すること、②５年以内に債務超過を解消すること、③債務超過解消後10年以内に要償還債務を完済することです。この条件に適合するように再生計画を策定します。

ここでいう「債務超過」は、決算書の貸借対照表上に計上されている資産負債について、実際は回収できない売掛金、売れない在庫、価値が下落した原材料や不動産などを実態価値に再評価して作成する「実態貸借対照表」に基づく「実態債務超過額」で考えます。したがって、金融機関に依頼する債権放棄額は、実態債務超過額を５年で解消し、その後の 10 年を加えた合計 15 年間のフリーキャッシュフローで弁済可能な債務額までに債務を圧縮することをお願いするというものになります。要償還債務（最終的にどこまで債務を弁済すべきか）の考え方としては、完済とする考え方と正常運転資金相当額を残す考え方の両方があります。中小企業に有利な要償還債務の考え方は、正常運転資金を残さない 15 年完済の方です。

８　経営者責任の問題

金融機関に債権放棄を求める再生計画の場合は、事業再生 ADR の手続では、経営者は経営者責任を取って、退任するのが原則です。

これに対し、再生支援協議会のスキームでは、経営者に対し私財提供、報酬の減額などをさせた上で、３分の１くらいの案件で経営者の続投を認めています。また、３分の１くらいの案件で、子どもなどの次世代親族が経営者に就任して、再生が行われています。そして、残りの３分１が、第三者スポンサーや従業員が経営者になっているとのことです。３つの中で、最も事業再生の成功率が高いのが、子どもなどの次世代親族が経営者に就任した場合とのことです。

再生支援協議会のスキームを利用する場合は、経営者が一定期間続投した後次世代に事業承継することも、直ちに次世代に経営を譲ることもできる点で、事業承継および事業再生の局面において、中小企業の実情に合わせて柔軟に経営者の承継を考えることができる利点があります。

Q16　会社を子どもに継がせることになりましたが、私は金融機関からの借入について連帯保証をしています。保証について、「経営者保証に関するガイドライン」というものがあると聞きました。その内容と活用方法を教えてください。

◆中小企業の経営者による個人保証について、経営者保証ガイドラインというものが定められています。
◆経営者保証ガイドラインの認知度は低い状況にありますが、うまく活用することで、経営者保証について見直すことも可能となります。
◆事業承継時において、経営者保証ガイドラインを活用することで、新旧経営者の両方を保証人とするのではなく、旧経営者または新経営者のいずれかのみを保証人とすることも可能となります。
◆事業承継時における経営者保証ガイドラインの活用実績は、年々増加傾向にあります。

point!

A

1　経営者保証に関するガイドラインとは

(1)　策定経緯

従前より、中小企業の経営者による個人保証については、失敗した場合を恐れて経営者が思い切った新たな事業を行うことができなかったり、保証人としての責任を追及されることを恐れて早期段階で事業再生に着手することができなかったりするという問題点が指摘されていました。

そこで、日本商工会議所および全国銀行協会が共同で、有識者を交えた意見交換の場として「経営者保証に関するガイドライン研究会」を設置し、当該研究会において、「経営者保証に関するガイドライン」（以下「経営者保証ガイドライン」といいます。）が策定・公表されました。

(2)　概要

経営者保証ガイドラインは、保証契約締結時における対応と、保証債務履行時における対応という２つのパートで構成されています。

①　保証契約締結時における対応

まず、経営者保証に依存しない融資の一層の促進として、会社側には、会社と経営者との関係の明確な区分・分離、財務基盤の強化、適時適切な情報開示等による経営の透明性確保等が求められています。他方、金融機関には、それらを踏まえて、経営者保証を求めない代替的な融資手法等の検討が求められています。

また、やむを得ず経営者保証を求める場合には、金融機関には、会社側に対する保証契約の必要性等に関する丁寧かつ具体的な説明や、適切な保証金額の設定が求められています。

さらに、金融機関側には、会社側における事業承継時等において、既存の保証契約を適切に見直すことが求められています。

②　保証債務履行時における対応

一定の要件を満たした保証人については、経営者保証ガイドラインに基づき、保証債務の整理を申し出ることができます。当該申し出があった場合、金融機関においては、一定の経済合理性が認められるときには、一定期間の生計費や華美でない自宅等を保証人の手元に残すことを認めるなど、経営者保証ガイドラインに沿った適切な対応が求められています。

③　経営者保証ガイドラインの法的拘束力

経営者保証ガイドラインには、法的拘束力はありません。そのため、金融機関が、経営者保証ガイドラインに基づく申し出に応じなかったとしても、直ちに違法となるものではありません。

他方で、経営者保証ガイドラインは、自発的に尊重され遵守されることが期待されており、金融庁の監督指針等においては、経営者保証ガイドラインに対する取組状況や取組態勢に問題がある場合には、業務改善命令等の対象となり得るとされています。

そのため、経営者保証ガイドラインには法的拘束力はないものの、事実上の拘束力はあると考えて良いかと思います。

④　経営者保証ガイドラインの対象となる保証人

経営者保証ガイドラインの対象となる保証人としては、原則は主たる債務者である中小企業の経営者が想定されています。

もっとも、以下の者が保証人となる場合については、例外的に経営者保証ガイドラインの対象となります。

(a) 実質的な経営権を有している者

(b) 営業許可名義人

(c) 経営者とともに事業に従事する配偶者

(d) 経営者の健康上の理由のため保証人となる事業承継予定者

2　経営者保証ガイドラインの認知度

経営者保証ガイドラインの概要は以上のとおりですが、そもそも、経営者保証ガイドラインというものを初めて耳にするという方も少なくないのではないでしょうか。実際、中小企業基盤整備機構が行った経営者保証ガイドラインについての認知度調査結果によると、聞いたことも見たこともないという方が53.5%と過半数を占めています。

そのような認知度の低さもあり、金融機関に対して経営者保証ガイドラインに基づく経営者保証の解除に向けた申出・相談を行ったことがある方の割合は18.7%と、少ない状況となっております。他方で、金融機関に対してそのような申出・相談を行った方の48.6%が、経営者保証の解除を認められており、その割合は決して少なくないといえます。

このように、経営者保証ガイドラインは、認知度は低い状況にありますが、うまく活用することで、経営者保証について見直すことも可能となります。

3　事業承継時における活用方法

さて、事業承継時において経営者保証ガイドラインが活用される場面としては、大きく分けて、新経営者に係る保証契約の締結の場面と、旧経営者に係る保証契約の解除の場面という２つの場面が想定されます。

(1)　新経営者に係る保証契約の締結の場面

①　会社および新経営者に求められる対応

事業承継時においては、会社側は、金融機関からの情報開示の要請に対し、適時適切に対応することが求められます。また、特に、経営者の交代により、経営方針や事業計画等に変更が生じる場合には、より誠実かつ丁寧な説明を行うことが求められます。

また、会社が、新経営者による個人保証を提供することなしに、金融機関から新たに資金調達することを希望する場合には、会社側には、法人と経営者との関係の明確な区分・分離、財務基盤の強化、適時適切な情報開示等による経営の透明性確保等が求められます。

②　金融機関における対応

他方で、金融機関には、旧経営者が負担する保証債務について、新経営者に当然に引き継がせるのではなく、必要な情報開示を受けたうえで、保証契約の必要性等について改めて検討することが求められます。また、その結果として保証契約を締結する場合であっても、適切な保証金額の設定に努めるとともに、保証契約の必要性等について、会社および新経営者に対して丁寧かつ具体的に説明することが求められます。

(2)　旧経営者に係る保証契約の解除の場面

対象債権者は、旧経営者から保証契約の解除を求められた場合には、旧経営者が引き続き実質的な経営権・支配権を有しているか否か、当該保証契約以外の手段による既存債権の保全の状況、会社の資産・収益力による借入返済能力等を勘案し、保証契約の解除について適切に判断することが求められます。

そのため、旧経営者に係る保証契約を解除するためには、旧経営者において、会社の代表者から退くとともに、支配株主等に留まることなく、実質的にも経営から退き、会社から報酬等を受け取らないこと、会社から社会通念上適切な範囲を超える借入れ等を行っている場合にはこれを返済することといった取り組みが考えられます。また、旧経営者の保証以外の手段では既存債権の保全が十分でない場合には、旧経営者の資産のうち、具体的に保全価値があるものとして金融機関が認識していた資産と同程度の担保を、新経営者等に提供してもらうことなどが考えられます。

4　経営者保証ガイドラインの活用実績

最後に、民間金融機関における経営者保証ガイドラインの活用実績についてご紹介したいと思います。

別表は、代表者の交代時における民間金融機関における対応をまとめたものとなります。こちらをご覧いただくと、代表者交代時において、旧経営者との保証契約を解除し、かつ、新経営者との保証契約を締結しなかったケース（①）は、依然として増加傾向にあるとは言い難い状況です。

しかしながら、新旧経営者のどちらか一方のみを保証人とするケース、すなわち、旧経営者との保証契約を解除する一方、新経営者との保証契約を締結したケース（②）、および、旧経営者との保証契約は解除しなかったが、新経営者との保証契約は締結しなかったケース（③）については増加傾向にあるといえます。

また、その反面として、新旧経営者の両方を保証人とするケース、すなわち、旧経営者との保証契約を解除せず、かつ、新経営者との保証契約を締結したケース（④）については、減少傾向にあるといえます。

5　まとめ

以上述べたように、経営者保証ガイドラインの認知度は低い状況にありますが、その活用実績は増加傾向にあり、事業承継時において経営者保証ガイドラインを活用することで、新旧経営者の両方を保証人とするのではなく、旧経営者または新経営者のいずれかのみを保証人とすることも可能となります。

（別表）

	2016.10～2017.3	2017.4～2017.9	2017.10～2018.3	2018.4～2018.9	2018.10～2019.3
①旧経営者との保証契約を解除し、かつ、新経営者との保証契約を締結しなかったケース	1,907	2,699	2,551	2,869	2,455
②旧経営者との保証契約を解除する一方、新経営者との保証契約を締結したケース	6,680	9,273	9,177	10,983	10,422
③旧経営者との保証契約は解除しなかったが、新経営者との保証契約は締結しなかったケース	4,421	5,200	4,588	7,923	8,029
④旧経営者との保証契約を解除せず、かつ、新経営者との保証契約を締結したケース	11,112	10,845	9,164	5,196	4,551

Q17　親族で会社を継いでくれる人が見つかりません。会社を継いでくれる人（会社）の探し方を教えてください。

◆親族外承継、Ｍ＆Ａによる事業承継の増加
◆Ｍ＆Ａによる事業承継先候補の類型
◆Ｍ＆Ａにおける仲介者の種類と役割
◆事業承継先候補との交渉過程に生じるリスクと対処方法

point!

A

1　親族外承継、Ｍ＆Ａによる事業承継の増加

後継者確保困難の傾向は時代の流れとともに強まっており、特に近年は親族以外で後継者を確保するいわゆる親族外承継の増加が際立っています。

中小企業庁が2015年に実施した調査（みずほ総合研究所㈱「中小企業の資金調達に関する調査」（2015年12月））によれば、在任期間が５年未満の会社では親族内承継の割合が全体の約35％にまで減少し、親族外承継が65％以上に達しているとの結果が示されています。親族外承継の中でも役員・従業員を除く社外の第三者による承継は、直近５年間で全体の約20％から約40％にまで急増しています。

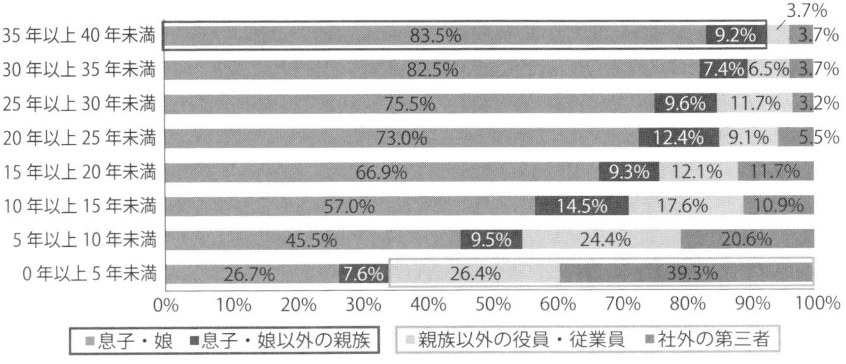

会社を継いでくれる人の探し方を検討するということは、役員・従業員への承継は検討対象外と考えられますので、社外の第三者への事業承継、すなわちM＆Aによる事業承継を検討することになります。

そこで、M＆Aによる事業承継の実現方法をご説明します。

2　M＆Aによる事業承継先候補の類型

M＆Aによる事業承継先候補の類型には、様々なものがあります。

（1）　現経営者の人脈内の企業

現経営者の個人的人脈の延長線上に、事業承継先候補が存在する場合があります。この場合、第三者による仲介が不要なこと、現経営者と事業承継先候補との間に個人的信頼関係が一定程度構築されていることから、通常より速くスムーズにM＆Aが進む可能性があります。

2019年9月に発表されたヤフーによるZOZO買収などは、ヤフーの親会社であるソフトバンクの孫正義会長兼社長とZOZOの前澤社長との個人的人脈によるものですが、本格的な協議開始から正式発表まで2ヶ月という、東証一部上場企業同士のM＆Aとしては実に驚くべきスピードで合意に至ったといえます。

もっとも、会社が事業の承継先を探しているという秘匿性の高い事実が事業承継先候補に伝わることから、両者間に相当程度の信頼関係が構築されている場合に限られる点でこの類型に当てはまるケースはかなり限定されるでしょう。

（2）　同業他社・現取引先

同業他社・現取引先は、業界の事情に精通し、会社の事業を経営するのに必要なノウハウ・技術を有している場合が多いことから、事業承継先候補として相応しい場合があります。M＆A打診の際に第三者による仲介なく事業承継先候補に接触し得ることもこのルートを用いるメリットです。

もっとも、「事業承継先を探している」という事実が事業承継先候補に伝わる点で上記（1）と同様であり、事業承継先候補が同業他社・現取引先ということになると、会社から見て仮にＭ＆Ａ打診が拒絶された場合に現在の顧客との関係・取引関係に負の影響が生じる可能性を考慮し、打診を行うべきかどうかを判断する必要があります。

ただし、同業他社といえども営業地域が異なる場合は、営業面で補完関係にあることから相対的に打診が容易ということもいえます。

(3)　現取引先以外の類似業種の事業者

同業他社・現取引先ではないが、類似する事業を行う第三者も事業承継先候補として相応しい場合があります。例えば、扱う製品分野が異なるが技術的関連性のある製造業者、インターネット上でサービスを提供する他分野の事業者、食材や調理方法が全く異なる分野の外食業者などです。

この場合、会社の事業を引継ぐ上で必要なノウハウ等を一定程度兼ね備えている反面、Ｍ＆Ａ打診が拒絶された場合のリスクが相対的に低い点で、業種的に全く無関係の第三者と同業他社の中間に位置するといえます。

もっとも、事業承継先候補が現経営者の人脈内の企業でもなく、同業他社・現取引先でもない場合、第三者の仲介なく接触することが難しく、一定の信頼関係を構築するまでにある程度の時間とコミュニケーションが必要になるといえます。

(4)　同業の外国企業（又はその日本法人）

同業であっても外国企業（又はその日本法人）の場合、Ｍ＆Ａに対し日本企業と全く異なる積極姿勢で臨むケースが多く見られます。

例えば、日本国内で構造要因により市場が縮小している分野で、外国では逆に市場が急成長している場合、あるいは国内市場が飽和状態にある分野で、外国市場では品質やブランドに対するニーズが極めて強い場合等、外国企業から強い関心が寄せられるケースがあります。

もっとも、類型的に外国企業とのＭ＆Ａに強い仲介者というのは日本国内にさほど多くありません。

そして、国際取引ゆえに言語面だけでなく商習慣やビジネス上の常識が大きく異なる場合もあり、基本合意から最終契約締結・クロージングまでに当初の想定より大幅に長い期間を費やす可能性や、スムーズに口頭合意が成立したと見えて書面での契約締結直前に突然交渉打切りにされるリスク、法的紛争が生じた際の準拠法や国際裁判管轄の問題など、独特のリスクを考慮する必要があります。

3　M＆Aにおける仲介者の種類と役割

(1)　公的なマッチング機関（事業引継ぎ支援センター）

国（中小企業庁）は、全国47都道府県に「事業引継ぎ支援センター」を設置し、民間金融機関、仲介事業者等が有する引継ぎ希望案件を、全国の事業引継ぎ支援センターの相談情報をデータベース化したノンネームデータベースに掲載可能とするなどして全国のM＆Aマッチング情報を集約し活用可能にしています。

平成30年度に成立した事業引継ぎ件数は年間923件にものぼりますが、7割以上は従業員数が10名未満で、99％は従業員数が100名以下の中小企業です（中小企業庁「事業引継ぎポータルサイト」https://shoukei.smrj.go.jp/support/）。

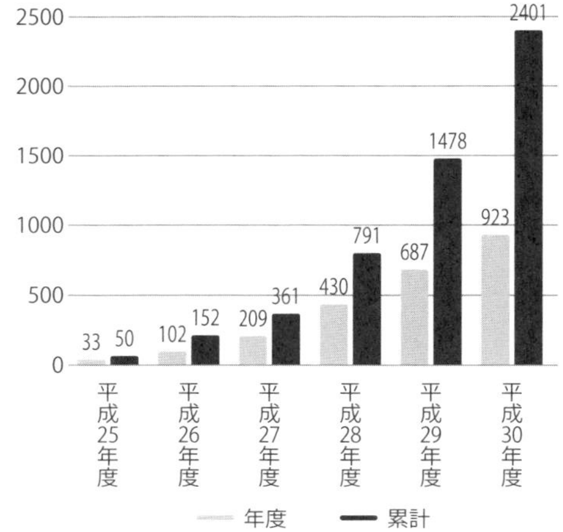

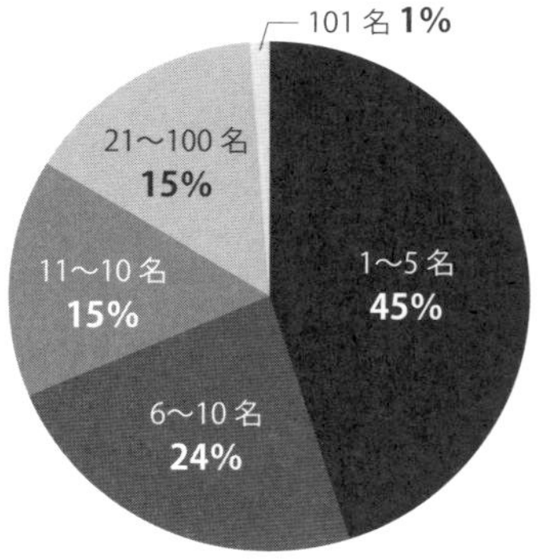

(2)　M＆A仲介・アドバイザリー会社

公的機関が小規模事業のM＆Aマッチングを手掛けるのに対し、民間のM＆A仲介会社・アドバイザリー会社は、主として中規模から大規模の案件を手掛けています。銀行系のM＆Aアドバイザリー会社もこの類型に属します。

個々の会社毎に事情は異なりますが、民間の専門会社だけあって事業承継先候補を発掘する能力は総じて高く、法律や会計などM＆Aに必要とされる専門知識も豊富なため、短期間でより多くの事業承継先候補を発掘し取引を成立させる能力に長けています。

ただし、事業承継先候補の発掘能力や専門性の高さに見合った高額の手数料が必要となるため、短期間にM＆Aを成立させる必要がある場合や、ある程度の費用をかけても品質の高いサービスを必要とする場合に適しているといえます。

(3)　インターネットによるM＆A仲介サイト

近年増えているのが、インターネットによるM＆A仲介サイトです。

従来のM＆A仲介・アドバイザリー会社に比べて手数料が相対的に低く抑えられることから、比較的小規模から中規模の案件で、コストを抑えながら事業承継先候補を探索することが可能になります。

コストが抑えられる反面、M＆A交渉に必要な専門性を自社で補う必要性があるため、士業専門家との組合せで活用することにより、事業承継先候補の発掘と取引実行を有効に行えます。

(4)　士業専門家

弁護士・公認会計士・税理士などの士業専門家は、M＆Aの買い手側だけでなく売り手側でM＆Aの法務・財務・税務デューディリジェンスを支援する場合があるのに加えて、社内の人的資源に乏しい中小企業にとって、M＆Aの戦略立案や相手方との交渉の際に必要な専門能力を提供します。

会社の側で既に事業承継先候補に一定のパイプ（現経営者の人脈、同業他社・現取引先等）があり、専門の仲介会社を経由せずに交渉相手との接触が可能な場合に、交渉代理人として弁護士を活用し、財務・税務面での専門的な交渉に公認会計士・税理士等の士業専門家を活用することで、取引コストを抑えつつ専門性の高いＭ＆Ａ交渉と取引実現を図ることも可能です。

4　事業承継先候補との交渉過程に生じるリスクと対処方法

事業承継先候補との交渉過程では、交渉相手の絞込みから基本合意書の締結、デューディリジェンス、最終契約書の締結に至るまでの間、企業経営に必要なあらゆる分野（営業、財務、技術、法務等）の専門知識や専門能力を総動員し、会社及び事業に関する重大な秘密情報を含む資料を作成し、交渉相手の意思決定に必要な情報提供を行う必要があります。他方、会社としては、交渉相手の事業や組織に関する情報や将来計画に関する情報を分析し、場合によって現経営陣の交代、取引先・金融機関との取引内容変更、又は取引先の入れ替え等、会社及び事業の現状を大きく変更する重大な意思決定を行う必要があります。

そこで、会社の置かれている経済環境、会社の事業規模や財務状態、与えられた時間及び予算の制約、会社が保有する人的資源などを考慮し、交渉過程で対処すべきリスクの種類及び程度に合った最適なリスク管理を行う必要があります。

(1)　秘密情報漏えいリスク

事業承継先候補との交渉過程では、会社及び事業に関する重大な秘密情報を含む資料を作成し、交渉相手に対する情報提供を行う必要があります。

このため、交渉相手と秘密保持契約を締結することはもちろんですが、交渉が中断した場合の事実上の秘密情報漏えいリスクに備えて、会社と交渉相手との間で業界や営業地域が近接している場合は、秘密保持契約の内容及び秘密管理の具体的な方法についてより厳格なリスク管理を行う必要があります。言い換えれば、業界や営業地域が近接していない相手との交渉では、相対的にリスク管理の程度を抑えることが可能になります。

(2)　社内からの秘密情報漏えい及び人材流出リスク

事業承継先候補との交渉過程では、社内での情報管理も極めて重要です。

会社及び事業に関する重大な秘密情報が文書化され、容易に移転可能となることから、役員・従業員を通じた社内からの秘密情報漏えいに十分注意する必要があると同時に、会社の目指す事業承継の方針や交渉相手の将来計画に賛同しない社内人材が流出するリスクにも注意し、一定の幹部従業員とは定期的に意思疎通を図る必要があります。

(3)　交渉打切りリスク

事業承継は、通常の事業運営の過程で反復的かつ継続的に行われる取引類型ではないため、会社が予想し得ないタイミングで、交渉相手の判断により突然交渉を打ち切られるリスクを常に抱えています。しかしながら、交渉途中の段階でクロージングに備えるため、会社の組織や取引先との関係を大きく変更するための根回しや準備活動に一部着手せざるを得ない場合があります。

このため、交渉打切りリスクによる混乱を回避するためには、交渉が成立するシナリオだけでなく、可能な限り、交渉相手の判断による交渉打切りリスクを見越した複数のシナリオを持って交渉を進めることが重要といえます。

第４章
事業承継と法律・税金

Q18　最近、事業承継という言葉をよく聞きます。事業承継の一般的な手続と内容を教えてください。

◆事業承継は、大きく分けて、①親族内承継、②従業員承継、③社外への引継ぎ（M&A等）の３つに分類されます。

◆①親族内承継では、主に、相続を念頭に置いた、株式・事業用資産の承継が必要となります。②従業員承継では、主に、株式・事業用資産の買取資金の調達や関係者との合意形成が必要となります。③社外への引継ぎでは、主に、後継者の探索と、株式・事業用資産を承継する方法の検討が必要になります。

point!

A

１　３つの類型

中小企業庁は、中小企業・小規模事業者の円滑な事業承継を図ることが肝要であるとの認識から、平成18年に「事業承継ガイドライン」を策定し、さらに平成28年にこれを全面的に改訂しております（以下「事業承継GL」といいます。）。事業承継GLでは、事業承継を、大きく分けて、①親族内承継、②従業員承継、③社外への引継ぎ（M&A等）の３つに分類し、それぞれの類型ごとの課題と対応策の概要を記載しております。そのため、以下では、この分類に従い、事業承継GLの内容を基礎として、会社の株式・個人事業者の事業用資産の承継を念頭にご説明致します。なお、事業承継GLに法的な拘束力はありませんが、中小企業・小規模事業者の事業承継を支援する専門家としては、事業承継GLは必ず押さえておくべき指針であると思います。

2　類型ごとの内容

(1)　親族内承継

現経営者の子をはじめとする親族が事業を承継する手法を、親族内承継といいます。一般的に、他の手法と比べて、内外の関係者から心情的に受け入れられやすいこと、後継者の早期決定により長期の準備期間の確保が可能であること、相続等により財産や株式を後継者に移転できるため所有と経営の一体的な承継が期待できること、といったメリットがあるとされております（事業承継 GL15 頁参照）。一方、他の類型と比較すると、㋐税負担への対応や、㋑株式・事業用資産の散逸防止、㋒債務の承継への対応に関して、特に大きな課題が発生しやすいという特徴を有します（事業承継 GL37 頁参照）。

㋐税負担への対応としては、主に、相続税・贈与税の課税への対応が問題となります。相続税法上の基礎控除枠等のほか、平成 30 年度税制改正により特例措置が設けられた法人版事業承継税制（非上場株式等についての相続税・贈与税の納税猶予制度）や、平成 31 年度税制改正により創設された個人版事業承継税制（個人の事業用資産についての贈与税・相続税の納税猶予・免除制度）を利用することが考えられます（Q20〜Q23 参照）。相続税・贈与税の負担は、事前の対策次第で大きく変動し得ますので、親族内承継を考える中小企業・小規模事業者としては、顧問税理士等と相談の上、遅滞なく計画的なタックスプランニングを行っていくことが重要と思われます。

㋑株式・事業用資産の散逸防止のためには、まず、事前の対策が重要です。具体的には、生前贈与（Q11 等参照）・売買・遺贈（Q30〜32、Q34 参照）・死因贈与による株式・事業用資産の承継が有り得ますが、非後継者（後継者以外の相続人）の遺留分への配慮が重要です（Q35、Q36 参照）。非後継者全員に遺留分の放棄（Q37 参照）を求めるのはハードルが高いため、中小企業における経営の承継の円滑化に関する法律（以下「経営承継円滑化法」といいます。）に定める民法の特例の利用（Q38 参照）や、先代経営者の相続開始前 10 年超の早期における生前贈与（Q39 参照）を検討する必要があります。また、役員・従業員持株会といった安定株主を導入することも有効な選択肢となり得ますし、信託の利用も考えられます（Q27 参照）。なお、後継者が非後継者に対して遺産分割における代償金等として遺留分侵害額相当額の支払を行うこと等を想定し、生命保険（契約者・被保険者：現経営者、受取人：後継者）を準備しておくことも有用です。

仮に、そういった事前の対策を取ることなく、株式・事業用資産が分散した場合、事後の対策としては、資金調達を行い、これらを買い取る必要が生じます。あるいは、株式については、会社法が定める相続人等に対する売渡請求（174 条以下）や特別支配株主による株式等売渡請求（179 条）という選択肢もあり得ます。

また、平成２年の商法改正前においては、株式会社を設立するためには最低７人の発起人が必要であり、各発起人は１株以上の株式を引き受けなければならなかったため、設立当時から株主が７人以上存在し、株式の分散が進んでいることが一般的でした。このような商法の規定等に起因して、他人の承諾を得て、他人名義を用いて株式の引受・取得がなされることがあり、名義上の株主と実質的な株主が異なる、いわゆる名義株が多く発生しておりました。そのため、名義株が発生している会社では、事業承継に先立ち、株主名簿の整理を行って株主を確定し、名義上の株主との間で合意を締結する等、権利関係を明確にしておく必要があります（事業承継 GL54 頁参照）。

このような名義株が発生する過程で株式が分散し、さらに相続が発生する等して人間関係が希薄化したため、株主名簿上の株主の所在が不明となってしまう事例もみられます。このような所在不明株主の整理といった問題に関しては、５年以上継続して会社からの通知が到達しない株主が所有する株式について、一定の手続を経て会社が処分（競売・売却・自社株買い）することができます（会社法 197 条）（事業承継

GL55 頁参照）。

こういった株式の分散の問題は、放置すると、将来的に社外への引継ぎ（M&A 等）等を行おうとした場合に、重大な障害になることもありますので、注意が必要です。たとえば、自社の株式を第三者に譲渡（株式譲渡）しようと考えていた場合に、所在不明株主の存在が判明し、100% の株式を揃えて当該第三者に譲渡することが事実上不可能となった場合には、買取側の意向によっては、株式譲渡以外の手法で M&A を実行せざるを得なくなり、スキーム変更を余儀なくされることがあります。株式の分散の問題は、早期に解決しておくことが望ましいのです。

㋒債務の承継に関して問題となりやすいのは、現経営者個人が借入れを行って会社に貸し付けている場合や、会社の借入れについて現経営者が個人（連帯）保証をしている場合等です。何らの対策も取らない場合には、事業承継後も先代経営者がそれらを負担し続けることになり、相続の発生により、その各相続人が法定相続分に応じて債務（特に会社の主たる債務についての保証債務）を承継することになるという問題が生じます（Q15、Q40～Q42 参照）。したがって、後継者による承継前に、経営改善等を通じた資金繰りの改善と債務の圧縮を図りながら、金融機関との信頼関係を構築しつつ処理を検討することが重要となります（事業承継 GL56 頁参照）。あるいは、経営者保証に関するガイドラインを活用した対応もあり得ます（Q22 参照）。

債務の承継への対応は、後継者が大きな関心を寄せるところであり、仮に十分な対応ができなかった場合には、円滑な事業承継が困難となるばかりでなく、その負担が重荷となり、後継者が事業承継を断念せざるを得なくなるおそれもあります（事業承継 GL55 頁参照）。したがって、弁護士等の専門家に依頼の上で対応を進める必要性が高いと思われます。

（2）従業員承継

親族以外の役員・従業員に事業を承継させる手法を、従業員承継といいます。経営者としての能力のある人材を見極めて承継させることができること、社内で長期間働いてきた従業員であれば経営方針等の一貫性を保ちやすいこと、といったメリットがあるとされております（事業承継 GL16 頁参照）。

従業員承継を行う際には、現経営者の親族や、後継者である従業員の配偶者といった関係者の理解等を得るのに時間を要する場合もあるため、後継者の経営環境の整備に、より一層留意する必要があります。また、株式・事業用資産を相続等により取得する親族内承継と比較して、所有と経営の分離が生じやすいといえます。株式・事業用資産の承継が、有償譲渡により行われることが多く、その場合、原則として相続税・贈与税対策は不要となります（ただし、譲渡対価次第で対策が必要となることはあり得ます。）が、買取資金の調達や現経営者及び親族との合意形成が極めて重要となります（事業承継 GL60 頁参照）。

特に高いハードルとなりやすいのは、MBO（役員による株式取得：Management Buy-Out）や EBO（従業員による株式取得：Employee Buy-Out）の際に必要となる、株式・事業用資産の買取資金の調達です。以前は、金融機関からの融資や、後継者候補の役員報酬（給与）増額等が、主な資金調達の手法でしたが、近年は、後継者が SPC（特定目的会社）を設立して出資した上で、ファンドやベンチャーキャピタル（VC）等からの投資を受ける事例が増えてきているといわれます。なお、経営承継円滑化法において整備されている金融支援（株式会社日本政策金融公庫の融資や、信用保証協会の保証枠の別枠整備）は、親族内承継以外でも利用が可能ですので、従業員承継等においても、積極的な活用が期待されます（事業承継 GL61 頁参照）。

また、従業員承継における後継者は、親族内承継の場合と異なり、相続により当然に債務（特に会社の主たる債務についての保証債務）を承継する立場にありません。したがって、親族内承継の場合以上に、後継者の保証回避が望まれます。保証債務の承継を心配して、後継者の家族等が反対したために事業承継自体を断念したケースなども存在します（事業承継 GL62 頁参照）。

なお、近年は、従業員後継者と現経営者の親族との関係を調整するために、無議決権株式や優先株式等を活用するケースも見られます（事業承継 GL61 頁参照）。これらは、親族内承継等においても有用です（Q13 参照）。

(3) 社外への引継ぎ（M&A 等）

株式譲渡や事業譲渡といったM&A 等の手法により、社外の第三者が事業を引継ぐ手法があります（Q36～Q38 参照）。親族や社内に適任者がいない場合でも、広く候補者を外部に求めることができ、また、現経営者は事業売却の利益を得ることができる等のメリットがあります（事業承継 GL16 頁参照）。

社外への引継ぎを成功させるためには、本業の強化や内部統制（ガバナンス）体制の構築により、企業価値を十分に高めておく必要があることから、現経営者にはできるだけ早期に専門家に相談を行い、企業価値の向上（磨き上げ）に着手することが望まれます。また、最適なマッチング候補を見つけるまでの期間は、対象企業の特性や時々の経済環境等に大きく左右され、数カ月～数年と大きな幅があることが一般的です。相手が見つかった後も数度のトップ面談等の交渉を経て、最終的に相手側との合意がなされる必要がありますので、十分な時間的余裕が必要となります（事業承継 GL16 頁参照）。

後継者探索の際には、民間の仲介業者・プラットフォームを利用するほか、事業引継ぎ支援センター等の公的機関を利用することが可能です（Q19 参照）。後継者不在の事業は廃業するしかないと決めつけずに、まずはそういった公的機関等に相談の上、社外への引継ぎについても検討してみると良いかもしれません。

社外への引継ぎにおいては、主に、株式譲渡か事業譲渡という２つの手法のいずれかが用いられることが多いです。株式譲渡は、売り手企業の株主が現経営者（その他の株主）から第三者（買い手）に変わるのみで、手続が比較的簡易であるため、選択されることが多い手法ですが、簿外債務やまだ認識されていない偶発債務等まで承継されてしまうリスクがあります。これに対し、事業譲渡は、株式譲渡と異なり、譲渡する対象資産等を特定した上で譲渡することになるため、第三者（買い手）にとっては、予期しない簿外債務・偶発債務等を承継するリスクを限定することができますが、個別の権利移転に係る対抗要件具備手続（不動産登記手続等）を別途行う必要があるため、株式譲渡よりも作業は多くなる傾向にあります。

なお、社外への引継ぎが、再生局面にある対象企業の事業の再建という側面も有することがあります。たとえば、多額の金融負債を抱えていて資金繰りも苦しい対象企業（売り手）が、スポンサー（買い手）に対し、事業譲渡により事業を譲り渡す一方、対象企業はスポンサーから受け取った事業譲渡対価を弁済原資として金融機関に弁済する（全額を弁済しきれなかった場合には、残債について特別清算手続等により債務免除を受ける）といった手法（いわゆる第二会社方式）が取られることがあります。このような、いわゆるスポンサー型事業再生の場合のように、事業承継と事業再生が密接に関わるケースは多くみられます。今後、そのようなケースの増加もあり得ることから、事業承継を支援する専門家としては、事業再生についての知見も有しておくことが望ましいと思います。

※本稿の内容は、著者個人の見解であり、所属する組織の見解ではありません。

Q19　公的機関で事業承継を手伝ってくれる機関があると聞きました。どのような制度があるか教えてください。

◆「事業引継ぎ支援センター」は、全国47都道府県に設置されており、後継者不在の中小企業・小規模事業者の事業引継ぎを支援します。
◆各種支援機関の連携のため「事業承継ネットワーク」を構築する事業が、平成29年度から開始しております。

point!

A

1　事業引継ぎ支援センター

「事業引継ぎ支援センター」（以下「センター」といいます。）は、後継者不在の中小企業・小規模事業者の事業引継ぎを支援するため、平成23年度から開始した事業で、全国47都道府県（48箇所）に設置されております。センターは、従業員承継やＭ＆Ａ等をはじめ事業承継に関する幅広い相談対応や、主に小規模ディール（目安として年商３億円以下の企業）におけるＭ&Ａ等のマッチング支援等を実施しております。センターを活用する際の手続は、主に以下（1)～(3）のとおりです。

なお、センターの事業（後継者不在の小規模事業者と創業を志す個人起業家をマッチングする事業である「後継者人材バンク」事業も含みます。）の概要については、「事業引継ぎガイドライン～Ｍ&Ａ等を活用した事業承継の手続き～」（平成27年３月、中小企業向け事業引継ぎ検討会により策定）の記載が参考になります（以下の内容も基本的にはこれを踏まえております。）。

(1）情報収集・意思確認（一次対応）

センターは、事業の譲り渡し側・譲り受け側のほか、商工会議所・商工会の経営指導員、全国中小企業団体中央会・都道府県中小企業団体中央会（以下「中央会」と総称します。）、認定経営革新等支援機関・よろず支援拠点、金融機関、士業等専門家等から、事業者のＭ&Ａ等ニーズを広く収集しております。

センターとの面談は無料です。センターは、相談を通じて、相談者の事業承継に関する状況把握を行い、課題や対処策を検討し、経営改善や廃業等の必要に応じて、各種支援機関を紹介することもあります。

センターは、譲り渡しに係る相談者の意向を確認し、相談者が譲り渡しを希望する場合は、二次対応（後述）に移行します。これに対し、譲渡意思が固まっていない相談者や数年先の譲渡を希望している相談者等に対しては、「磨き上げ」の方策等をアドバイスし、必要に応じて外部専門家等の紹介を行います。

面談の結果、譲り渡しの意思が確認できた案件・譲り受けを希望する案件について、情報を入手したセンターが、各案件に係る事業者の情報をデータベースに登録します。登録データは、全国のセンター間に共有されますが、案件登録を行ったセンター及び全国本部以外の、他のセンター及び全国のセンターに登録している民間支援機関（以下「登録機関」といいます。）には、個者が特定されないノンネームとして閲覧に供されます（ノンネームデータベース。以下「NNDB」といいます。）。なお、NNDBは、当初はセンターのみ案件登録が可能でしたが、2019年（令和元年）より、全国のセンターに登録している登録機関のほか、株式会社日本政策金融公庫等も案件登録を可能とするよう改修が進められており、掲載案件の増加・機能拡充が促進されております。

（2）登録機関への橋渡し（二次対応）

センターは、譲り渡し企業側に、登録機関（具体的には、各センターに登録された仲介者・アドバイザー）の一覧及び概要を説明し、相談者が特定の登録機関への橋渡しを希望する場合は、当該登録機関との面談を設定します。

希望する登録機関がない場合は、譲り渡し企業のノンネーム情報をすべての登録機関に送付し、登録機関から関心がある旨の意思表示がなされた場合に、双方の面談を設定します。このとき、センターは、可能な限り２社以上の登録機関との面談を設定するように努め、登録機関の選択に際しては、厳に中立的スタンスを維持するものとされます。

(3) センターによる取扱い（三次対応）

三次対応では、特定のマッチング候補が決まっている案件や当事者間で初期合意ができている案件、登録機関に橋渡しを行ったものの不調に終わった案件等を取り扱います。

センターは、相談案件に応じて、適切と思われる外部専門家等を選択し、相談者と引き合わせます。センターは、全体のコーディネート役として、外部専門家等と連携を図りながら、マッチング等を行い、最終契約を締結するまで進捗をフォローアップします。

2　事業承継ネットワーク

早期に計画的な事業承継の準備に関する経営者の「気付き」を促すため、平成 29 年度から、都道府県単位で、商工会・商工会議所、金融機関等の身近な支援機関から構成される「事業承継ネットワーク」（以下「NW」といいます。）を構築する事業が開始しております。平成 29 年度は、全国 19 の県で NW が構築されましたが、令和元年度は、（独自で取り組む東京都を含め）47 都道府県にまで拡大して実施されました。

NW においては、「事業承継診断」等を通じた「プッシュ型」の情報提供を行い、経営者の事業承継に係る悩み、課題、ニーズを掘り起こし、各種専門機関に繋いで企業の課題に応じた支援を実施するとともに、必要に応じて地域の専門家による支援も実施しています。

NW の事務局は、県振興センター等（各都道府県によって異なります）が務め、ネットワーク会議の開催等、連携体のとりまとめを行ったり、専門家育成や専門家リストの作成、専門家派遣の実施等を行ったりします（事業統括責任者は「事業承継コーディネーター」といいます。）。また、NW は、地域の事業承継支援策の立案・とりまとめを行う各都道府県・市町村や、事業承継診断等を実施する金融機関・商工会議所・商工会・中央会・顧問先を有する士業等専門家等のほか、以下（1）

〜(5) の各種支援機関から構成されます。加えて、令和元年12月に策定・公表された「事業承継時に焦点を当てた『経営者保証に関するガイドライン』の特則」が令和２年４月から運用を開始するのに伴い、「事業承継時の経営者保証解除に向けた専門家支援スキーム」において、経営者保証がネックで事業承継に課題を抱える中小企業・小規模事業者を対象に、NW の事務局を窓口として、「経営者保証コーディネーター」が、相談受付等を行うこととされております。

なお、NW は、事業承継ガイドライン（平成28年12月、中小企業庁にて策定。以下「事業承継 GL」といいます。）には記載がありませんが、各都道府県の NW の相談窓口は、「プッシュ型事業承継支援高度化事業　事業承継ひろば」というウェブサイトにて確認することができます（以下の一部支援機関のウェブサイトへのリンクも設けてあります。）。

(1) 事業引継ぎ支援センター

前述のとおり、主に中小企業・小規模事業者の事業承継・M&A 等案件をフォローして支援します。

(2) 独立行政法人中小企業基盤整備機構（以下「中小機構」といいます。）　地域本部及び事務所

中小機構は、支援機関向けの講習会を開催し、また、経営者向けセミナー、フォーラムの開催、中小企業大学校における後継者研修等を通じて、中小企業経営者（後継者）の注意喚起や支援制度の周知・広報、後継者教育を行うほか、センターや後述のよろず支援拠点、中小企業再生支援協議会（以下「協議会」といいます。）の全国本部を設置しております（事業承継 GL88頁参照）。

中小機構の全国９か所の地域本部及び沖縄事務所では、事業承継診断の方法等につき、各地域の支援機関への研修等を実施しております。

(3) 信用保証協会

信用保証協会は、中小企業・小規模事業者が金融機関から資金調達を行う際に、保証人となって融資を受けやすくなるようサポートする公的

機関であり、全国の各都道府県及び特定の４市に設立されております。中小企業における経営の承継の円滑化に関する法律（以下「経営承継円滑化法」といいます。）において整備されている金融支援にも、信用保証協会の保証枠の別枠整備が含まれております。信用保証協会は、各支援機関と連携して金融支援を行っております。

（4）経済産業局・財務局

経済産業局・財務局は、それぞれ、経済産業省・財務省の地方支分部局であり、施策情報の提供等を行います。

特に、経済産業局は、経営承継円滑化法に規定する、遺留分に関する民法の特例、金融支援、事業承継税制といった制度について、中小企業庁、地域の支援機関や地方公共団体等との連携のもとで、施策を講じております。

（5）よろず支援拠点、協議会等

よろず支援拠点と協議会等は、連携して中小企業・小規模事業者の再生支援を行っております。

ア　よろず支援拠点

よろず支援拠点は、中小企業・小規模事業者に対し、一歩踏み込んだ専門的な助言を行うため、平成26年６月から、ワンストップ相談窓口が各都道府県に設置されております。在籍する事業承継の専門家が相談対応を行うほか、より専門性の高い課題や事業承継計画の策定支援等に関しては、外部専門家の紹介も行っております（事業承継GL88頁参照）。

これに関連して、ミラサポというウェブサイトが連携しております。ミラサポは、中小企業庁委託事業として中小企業・小規模事業者向けに各種の情報提供等を行うウェブサイトで、中小企業・小規模事業者だけでなく、専門家も、当該ウェブサイトへの会員登録が可能です。よろず支援拠点・地域プラットフォームといった支援機関が中小企業・小規模事業者から経営に関する相談を受けた際、支援機関が必要と判断した場合には、当該会員登録を行い派遣専門家として登録された「登録専門家」の中から外部専門家の派遣が行われ、これらが専門的課題を伴う案件等の対応を行います（ミラサポ専門家派遣）。

イ　中小企業再生支援協議会

協議会は、財務上の問題を抱えているものの、事業の収益性があり事業再生の意欲を有する中小企業を支援するため平成15年度から開始した事業です（事業承継GL88頁参照）。国から委託を受けた全国各地の商工会議所等が支援業務部門を組成し、事業再生に係る窓口相談対応（第一次対応）や再生計画策定支援（第二次対応）を行い、事業再生支援を行っております。

協議会手続は、協議会という中立・公正な機関のもとでの準則型私的整理手続であり、事業再生の有用な選択肢となり得ますので、利用を検討する場合には、メインバンクとも協議の上、可能な限り早期に各地域の協議会に相談することが望ましいです（協議会手続には複数の類型がありますが、相談企業の資金繰りや事業規模等に適した類型の手続の相談に応じていただけることもあります。）。

ウ　その他

なお、以上の公的機関による事業承継支援や、事業承継税制等の経営承継円滑化法による措置のほかにも、事業承継補助金や、各種税制の創設により、国全体としての事業承継の促進が図られております。また、特定の地方公共団体において、地元企業の事業承継に関する補助金の制度が設けられていること等もあります。

加えて、政府系金融機関である株式会社日本政策金融公庫では、「事業承継・集約・活性化支援資金」といった制度融資のほか、後継者不在の小規模事業者向けの「事業承継マッチング支援」というサービスも整備されております。

ここで取り上げることのできなかった施策も含め、我が国全体において、事業承継支援策が整備されてきております。

※本稿の内容は、著者個人の見解であり、所属する組織の見解ではありません。

Q20　事業承継税制という制度があると聞きました。どのようなケースで利用されるものですか。

◆一定の要件を満たせば自社株式の相続・贈与に係る相続税・贈与税を全額免除することができる制度です。
◆要件は厳しく複雑になっていますが、ある程度株価が高額になり、後継者が決まっている場合には非常に有効です。

A　この税制は、要件を満たせば自社株式の相続・贈与に係る相続税・贈与税を猶予又は免除することができる制度です。したがって、要件も厳しく複雑ですが、ある程度株価が高額になり、後継者が決まっている場合には非常に有効であると思います。

事業承継では、後継者が先代経営者から自社株や事業用資産の取得をする際に、後継者には贈与税や相続税の税負担が発生します。計画的な事業承継が行われていない場合、納税資金の不足等に陥り事業継続が困難となることから、計画的な後継者への事業承継を促すため、税負担の軽減につながる様々な制度が設けられています。

その中でも、平成 30 年度税制改正において既存の「事業承継税制」を拡充した「事業承継税制の特例」が創設され注目されています。本特例は、非上場株式の相続税・贈与税の納税猶予制度であり、一定の要件を満たせば自社株式の相続・贈与に係る相続税・贈与税の 100％を猶予又は免除することができる制度（以下「特例措置」ともいいます。）で、特例承継計画を策定し、適用要件を満たせば納税額を軽減することが可能となり、円滑な事業承継につながるものです。

特例措置の要件はQ21 をご覧下さい。同族関係の特定の方が株式をある程度まとまって保有し、後継者が確定していることが必要になります。

〈事例１　相続人が子２人で特例後継者が１人の場合の相続税〉

相続人は子Ａ・子Ｂの２人、遺産総額は10億円とする。子Ａは特例後継者で、取得相続財産は６億円でその内３億円は特例措置の対象となる非上場株式であり、その全てについて特例措置の適用を受ける。子Ｂは経営を承継しない相続人であり、相続財産は４億円とする。

相続人	子Ａ	子Ｂ	合計
課税価格	６億円	４億円	10億円
相続税額	２億3,7,00万円	１億5,800万円	３億9,500万円
納税猶予税額	１億500万円	—	１億500万円
納税額	１億3,200万円	１億5,800万円	２億9,000万円

このように、３億円の評価の自社株であれば、１億500万円の納税が猶予され、要件を満たせば最終的に免除されることになる制度です。

＜事例２　贈与の場合＞

特例措置の対象となる非上場株式（３億円）のみ贈与を受けた場合の非上場株式等についての贈与税の納税猶予額、納付税額は、特例対象株式等だけの贈与であれば発生しません。しかし、贈与税はかかりませんが、贈与者が死亡した場合には、この贈与者の相続税において、贈与により取得した非上場株式を贈与時の評価額で相続により取得したものとみなして相続税の計算を行います。もう一度相続税の納税猶予制度を適用することもできます。

Q21　事業承継税制は複雑であると聞きましたが、概要を簡潔に教えていただけますか。

◆会社については、中小企業者であり、従業員が１名以上などの要件があります。
◆被相続人・贈与者については、代表者であったこと、一族で過半数を占め、その中で筆頭株主であることなどの要件があります。
◆相続人・受贈者については、一族の中で筆頭株主であり、代表権を持つことなどの要件があります。

A　会社、被相続人・贈与者、相続人・受贈者の三者の要件が定められています。

１　制度設計

（1）　適用株数

特例後継者が、特例会社の代表権を有していた者から、贈与又は相続若しくは遺贈（以下「贈与等」といいます。）により当該特例会社の非上場株式を取得した場合には、その取得した全ての非上場株式が対象になります。

（2）　納税猶予割合

対象株式に係る課税価格に対応する贈与税又は相続税の全額について、その特例後継者の死亡の日等までその納税が猶予されます。

（3）　時限措置

原則、平成 30 年１月１日から令和９年 12 月 31 日までの贈与又は相続が対象となります。

（4）「特例承継計画」の提出

特例会社は、平成 30 年４月１日から令和５年３月 31 日までの間に「特例承継計画」を都道府県に提出し、中小企業における経営の承継の円滑化に関する法律第 12 条第１項の認定を受ける必要があります。なお、特例承継計画には、後継者などを記載し、認定経営革新等支援機関の指導及び助言を受けなければなりません。

2　会社の要件

（1）　中小企業者要件

特例会社が、中小企業者（会社）に該当する必要があります。中小企業者の要件は中小企業基本法で定められていますが、業種ごとに資本金と従業員数により決定されます。例えば、小売業でしたら、資本金5,000万円以下か従業員数50名以下の会社が該当します。

（2）　従業員要件

常時使用する従業員（70歳未満の厚生年金保険法の被保険者など）の数が1人以上であること。

（3）　資産管理型会社非該当要件

【原則】

資産保有型会社又は資産運用型会社（以下、「資産管理型会社」といいます。）に該当しないこと。

資産保有型会社とは、直前の事業年度開始の日から納税猶予の期限確定までのいずれかの日における下記の割合が70%以上の会社（1日でも満たすと該当することになりますが、一定の場合、6か月の猶予があります。）をいいます。

$$\frac{B+C}{A+C} \geqq 70\%$$

A）　資産の帳簿価額の総額

B）　特定資産（注）の帳簿価額の総額

C）　過去5年間に特例後継者及びその同族関係者に対して支払われた配当（当該贈与等の前に受けたものを除きます）や過大役員給与等に相当する額

（注）　特定資産とは、有価証券、中小企業者が現に自ら使用していない不動産（第三者へ賃貸しているものを含みます。）、現預

金、代表者及びその同族関係者に対する貸付金や未収金が該当します。

資産運用型会社とは、直前の事業年度開始の日から納税猶予の期限確定までのいずれかの事業年度における総収入金額に占める特定資産の運用収入の合計額の割合が 75％以上の会社をいいます。

【例外】

例外的に、当該会社が次の事業実態要件イからハのいずれにも該当した場合には、特例措置を適用することができます。

㈠　贈与等の日まで３年以上継続して、商品販売等（商品の販売、資産の貸付け（同族関係者に対する貸付けを除きます）又は役務の提供（例えばテナントビル、アパート等の貸付けや管理等も含まれます）で、継続して対価を得て行われるもの）の行為をしていること。

㈡　常時使用する従業員（特例後継者及びその者と生計を一にする親族以外の者）の数が５人以上であること。

㈢　事務所、店舗、工場などの固定施設を所有するか、賃借していること。

(4)　非上場株式等要件

当該会社及びその特定特別関係会社の株式等が、非上場株式等に該当すること。

(5)　風俗営業会社非該当要件

当該会社及びその特定特別関係会社が、性風俗関連特殊営業に該当する事業を行う会社に該当しないこと。

(6)　円滑な事業運営要件

㈠　直前の事業年度における主たる事業活動からの収入金額（営業外収益、特別利益以外のものをいいます）がゼロを超えること。

㈡　いわゆる黄金株を特例後継者以外の者が有していないこと。

㈢　特定特別関係会社が、中小企業者（会社）に該当すること。

3　先代経営者要件

【原則】

(1)　代表権保有要件

　贈与等の直前に限らず過去に会社の代表権を有していたこと。

(2)　議決権保有要件

　先代経営者が、その贈与等の直前（贈与等の直前において代表権を有していないときは、代表権を有していた期間内のいずれかの時及び贈与等の直前）において、先代経営者に係る同族関係者と合わせて特例会社の総株主等議決権数の100分の50を超える議決権の数を有し、かつ、先代経営者が有する当該特例会社の株式等に係る議決権の数が当該同族関係者（当該特例会社の特例後継者となる者を除きます。）の中で筆頭株主であること。

【特例措置により拡充された者】（２回目以降の贈与等に係る贈与者等）

　原則の贈与者等より特例後継者への贈与等が行われ、その日から特例期間の末日までの間に贈与税等の申告期限が到来する贈与を行う者又は被相続人も対象となります。

4　特例後継者の要件

代表権保有要件	**相続税**　相続開始から５か月を経過する日に特例会社の代表権を有していること。
	贈与税　贈与時に特例会社の代表権を有していること。
関係者による議決権保有要件	**共　通**　贈与時等において、特例後継者の同族関係者と合わせて会社の総株主等議決権数の50％を超える議決権の数を有すること。
議決権保有要件	**共　通**　贈与時等に、特例後継者が有する株式の議決権の数がいずれの同族関係者が有する株式の議決権の中で最も多く有する者（当該特例承継計画に記載された当該後継者が２名又は３名以上の場合には、議決権数において、それぞれ上位２名又は３名の者で、総議決権数の10％以上を有する者）

株式等保有要件	**共　通**　贈与等の日から贈与税等の申告書の提出期限まで引き続き、当該株式等の全部を有していること。
役員要件	**相続税**　相続開始の直前において、特例会社の役員であること。ただし、先代経営者が60歳未満で死亡した場合は、この限りではありません。
	贈与税　特例後継者が贈与の日まで引き続き３年以上にわたり特例会社の役員の地位（当該地位のいずれかを有していれば、同一の地位を有する必要はありません。）を継続して有していること。
年齢要件	**贈与税**　贈与時において、20歳以上であること。
過去の特例非適用要件	**共　通**　当該株式等について、特例後継者が贈与税の納税猶予制度（措法70の７）、相続税の納税猶予制度（措法70の７の２）及び贈与税の納税猶予制度を受けている者に係る贈与者の死亡により相続税の納税猶予制度（措法70の７の４）の適用を受けていないこと。

５　猶予税額の納付―猶予期限の確定―

特例後継者又は特例会社について、納税猶予の期限の確定事由（下記に主なもの）に該当することとなった場合には、該当日から２か月を経過する日をもって猶予税額の全額を納付しなければなりません。

特例期間内（当初の申告期限から５年間）と経過後では、要件が異なるものがあります。

・特例後継者が代表権を有しないこととなった場合
・特例後継者が、その同族関係者と合わせて有する議決権数が50％以下となった場合
・特例後継者が、同族関係者内で筆頭株主でなくなった場合
・特例後継者が、当該特例対象株式等の一部を譲渡又は贈与した場合
・特例会社が資産管理型会社に該当することとなった場合

６　猶予税額の免除

特例後継者が次のいずれかに該当する場合には、猶予税額の全部又は

一部の納付が免除されます。

①（贈与者より先に）特例後継者が死亡した場合

②贈与者が死亡した場合

③特例期間経過後に、特例後継者が、特例対象株式等を３代目に贈与し、その贈与を受けた者が、贈与税の本特例の適用を受ける場合

④法的な倒産等による免除（破産手続開始の決定など）

⑤再生計画、更生計画による免除

⑥経営環境の変化がある場合において、特例期間等経過後に、特例会社の非上場株式の譲渡をするとき、特例会社が合併により消滅するとき、特例会社が解散をするとき等の免除

7　利子税の納付

上記などにより、猶予税額の全部又は一部を納付する場合には、法定申告期限からの利子税（令和２年中は年0.6％）を併せて納付します。

しかし、特例期間（５年間）経過後に納税猶予の期限が確定し、猶予税額の全部又は一部を納付する場合には、特例期間中の利子税は課されません。

8　非上場株式等の贈与者が死亡した場合の相続税の課税の特例

非上場株式等についての贈与税の納税猶予制度の適用を受けた特例後継者の贈与者が死亡した場合には、この贈与者の相続税において、この制度の対象とした非上場株式を相続により取得したものとみなして相続税の計算を行い、相続税の課税価格の計算の基礎に算入するときの非上場株式の価額は、この株式を贈与により取得した時の価額を基礎として計算します。

その際、都道府県知事の確認を受けた場合には、相続税の納税猶予の特例を選択することができます。

Q22　事業承継税制を利用するために株式の集約をしたいのですが、どのようなことに注意して進めればよいでしょうか。

◆株式の集約は、事業承継税制の利用を目的としていますので、事業承継税制の適用要件に当てはまるように行うことが必要です。

A

1　株主の集約の手順

株式集約の手順は、①株主及び各株主の持ち株数の確認、②集約すべき株式量数の決定、③売却をお願いする株主の決定、④株式の一株当たり価格の算定、⑤過去の買取実績と算定価格を比較して買取価格の検討、⑥買取主体の決定、⑦株式の買取交渉、⑧買取の実行という順番で進めます。

2　株主及び各株主の持ち株数の確認

最新の株主名簿で、現在の株主と株式数を確認し、持株数の合計が発行済株式総数と一致するかを確認します。会社の最新の決算期の確定申告書の株主名と持株数の記載と上記株主名簿が一致していれば、概ね正しいと思います。より正確に真正な株主を確認するには、会社設立以来の株式の個別の譲渡と新株の発行などについて、原始定款、株式譲渡契約書、株主名簿の名義書換関連書類、取締役会ないし株主総会の譲渡承認決議、新株の発行決議、新株の払込に関する証拠書類などを確認して、株式発行と全ての移動について、一つ一つ確認する必要があります。

3　集約すべき株式量数の決定

事業承継税制を利用するための株式の集約ですので、株式に関する事業承継税制の適用要件に従い、株式の集約すべき数量、誰に集約すべきか、株式の集約のタイミングなどを決定する必要があります。

事業承継税制の適用要件は、Q21 に記載した通りです。

適用要件によりますと、株式を譲り渡す先代経営者（贈与者・被相続人）が、代表権を有していた時期に、先代経営者と同族関係者を合わせて、非上場会社である特例会社の総議決権数の100分の50超の株式を保有し、かつ、先代経営者の議決権が当該同族関係者（特例承継者を除く）の中で筆頭（株主）であること、あったことが必要です。

先代経営者と同族関係者を合わせて、総議決権数の100分の50超の株式を持っておらず、また、特例承継者が上記の筆頭株主になったことがない場合には、株式の集約が必要になります。要件を満たす必要上、代表者に復帰する必要もケースによっては、発生します。

専門家のアドバイスを受けながら、慎重に進めてください。

4　売却を依頼する株主の決定

株式の集約は、税制の適用要件を満たすように、先代経営者と同族関係者を合わせて、総議決権数の100分の50以上を集約し、かつ、先代経営者の議決権が当該同族関係者（特例承継者を除く）の中で筆頭株主となるように集約します。そして、売主となる株主の選択は、売却交渉が容易であると考えられる株主を選抜し、交渉相手ができるだけ少人数となるように人数を絞ります。

会社の経営を安定させるには、総議決権数の３分の２以上の株式を確保することがポイントです。できれば、総議決権数の３分の２以上を確保できるように、株式の集約を進めることが望ましいでしょう。

5　株式の一株当たり価格を複数の方法により算定

次に、株式価格を評価する必要があります。株式価格は、評価方法によって価格差が生じます。複数の評価方法で価格を算出して、買取価格の決定や買取交渉の際の資料とします。株式評価は、株式評価を得意とする税理士、公認会計士、コンサルタントに依頼します。

評価方法としては、純資産方式（相続税評価純資産方式、簿価純資産方式、時価純資産方式）、類似会社比準方式、DCF（ディスカウントキャッシュフロー）方式、配当方式（配当還元方式、ゴードンモデル方式など）、折衷方式（複数の算定方法により算定された株価を一定の折衷割合で平均して算定する）などがあります（Q24、25 参照）。

株式価格が高く、資金調達余力との兼ね合いで、必要な株数を買い取り切れない時は、株価を下げる方策を専門家に相談し、その方策を実行し株価を下げてから、株式の買取をすることとなります。

6　過去の買取実績と上記の算定価格を比較して買取価格の検討

実際の買取交渉をする場合には、直近の買取価格が価格交渉のベースになる場合が多いので、過去の買取価格を確認してください。売主が、株式を売却して損が出ないラインは、株式を取得した際の取得価格です。この取得価格も、買取交渉のベース価格の一つとなります。

業績不振で売主の株式取得価格を現在の株式価値が下回っていて、取得価格以下で株式を買い取ろうとする場合は、売主が納得できる株価算定の根拠を説明できないと、当初取得価格を下回る価格での株式売却には、簡単に応じてくれません。

好業績が続き、純資産も増加していて、明らかに現在株価が株式の取得価格を大幅に上回っている場合に、できるだけ安く買い取るには買取価格に関する上手な説明が必要になるでしょう。

非上場株式は、流動性のない株式ですので、そうそう買手は現れません。売主側も買手が出てきた時が、数少ない現金化のチャンスです。売却を拒否すると、現金化の機会を失うかもしれません。この点は、売主を説得するポイントでもあります。

株式集約を行う場合、買収価格の総額は、買取側の資金調達力の上限額が限度ですので、総買収価格はその範囲に収めざるを得ません。

7　買取主体の決定

税制の適用要件は、「先代経営者が贈与・相続の直前において代表権を有していたこと、直前に代表者でないときは、代表権を有していた期間内のいずれかの時期において、①先代経営者とその同族関係者を合わせて特例会社の総議決権数の過半数（100 分の 50 超）を有し、かつ②

先代経営者の議決権が当該同族関係者（特例承継者を除く）の中で筆頭株主であること」です。したがって、買取主体は、先代経営者と同族関係者の所有する株式の議決権割合と資金調達余力並びに信頼関係の強固さなどを勘案して決めます。

8　株式の買取交渉、買取の実行

株式の買取交渉は、交渉相手が少数の時は個別に交渉しますが、交渉相手が多数の時は、説明会を開催することや買取に関する通知書を作成しこれを送付して交渉を始めるなどの工夫が必要になります。

買取交渉は、交渉が容易な相手から進め、集約予定株数まで買取を進めます。売却合意後、株式の売買契約を締結し、代金の支払と引き換えに株券及び名義書換に必要な書類の交付を受け、株主名簿の書換を済ませます。株券が発行されている会社では、株券の交付が株式譲渡の効力発生要件になりますので、株券の交付を忘れずに受けてください。

Q23　先日、事業承継のために会社をM&Aした方が良いといわれました。M&Aの一般的な手順を教えてください。

◆買取先の探索と一般的な手順
◆ロングリストの作成とタッピング
◆守秘義務契約の締結とIM（インフォメーション・メモランダム・企業概要書）の交付
◆一次意向表明からDD（デューデリジェンス）
◆最終意向表明からクロージング

point!

A

1　事業承継とM&A

事業承継のためにM&Aを勧められたということですが、それは、御社について、適当な事業承継者がいない一方で、相当程度の収益を上げていて第三者の買手が付く可能性が高いと判断されたからだと思います（Q18参照）。

第三者によるM&Aが成功し、相当な価格で会社が売却できれば、社長はハッピーリタイアメントができますし、従業員の雇用も守られ、事業も継続されますので地域経済にも資することとなり万々歳の結果です。

2　買取先の探索

買取先の探索は、多くのケースでファイナンシャルアドバイザーと言われる仲介業者などの専門家に依頼するのが普通です。アドバイザーの紹介は、税理士、公認会計士、弁護士、取引金融機関、お知り合いの中小企業診断士の方などにお願いすると良いでしょう。

買取先の探索と決定は、一社に優先交渉権を与えて進める方法と複数の買取先を競わせる入札による方法があります。両者には若干進行手順に違いがありますが、アドバイザーに対する最初の相談からクロージングまでの期間は、６ヶ月ないし12ヶ月程度です。

一般的な手順

数社によるビット（競争入札）の場合	一社に優先交渉権を与える場合
①買取候補先のロングリストの作成	
②ティーザー（ノンネームの案件概要書）の作成	
③ノンネームでのタッピング	
④ IM（インフォメーション・メモランダム・詳細な情報を掲載した企業概要書）の作成	
⑤ショートリストに絞り込み守秘義務契約を締結して、IM を開示し、一次意向表明書の提出を求める	
⑥一次意向表明書（法的拘束力のない意向表明）の提出	
⑦数社に絞り込む	⑦一社に絞り、優先交渉権を付与して基本合意書の締結
⑧数社による DD（デューデリジェンス）の実施	⑧一社による DD（デューデリジェンス）の実施
⑨複数社からの最終意向表明書（法的拘束力のある意向表明）の提出	⑨一社からの最終意向表明書（法的拘束力のある意向表明）の提出
⑩買取先の決定、譲渡契約の内容について交渉	
⑪譲渡契約締結	
⑫クロージング	

3　ロングリストの作成とタッピング、IM の開示

ロングリストは、買取先として可能性のある企業やファンドを網羅的にリスト化し、売手企業が接触して欲しくない買手候補を除外して、リストの絞り込みをします。また、売手の意向を酌んで、買取候補先を事業法人に絞るか、ファンドに絞るか、海外法人も含めるかなど、ターゲットの範囲を決めて行きます。

名前を出さずノンネームで M&A 先として興味があるかを確認するタッピングは、ティーザー（ノンネームの案件概要書）と呼ばれる A4 一枚程度の簡単な書面で行います。ティーザーには、事業概要、売上・利益などの簡単な財務情報が匿名で記載されます。タッピングにより、

興味のある先をリスト化して、守秘義務契約を締結して、IMを開示し一次意向表明をお願いする先を絞り込みます。

IMには、M＆Aの対象先を特定した上で、事業概要、事業規模、過去の業績、業績の将来予測など詳細な企業情報が記載されます。IMは、買取候補先が買取意思を決定する上で、キーポイントとなる資料です。対象企業の収益性、将来性、買取企業とのシナジーの可能性などプラス要因をできるだけ網羅し、分かり易く理解できるように図表やグラフを挿入するなどの工夫も重要です。IMの作成局面では、対象企業に対する理解の深さ、買取候補先への適切なアピール能力、表現力など、ファイナンシャルアドバイザーの実力が如実に現れます。IMの良し悪しで、良い買取先候補がDDに参加してくれるか否かが決まりますし、譲渡価格の判断にも大きな影響を与えます。IMは、通常数10頁、大部のものでは100頁を超えます。

入札の場合は、IMを交付する段階で入札要綱を合わせて交付し、入札条件、入札スケジュール（一次意向表明書の提出期限、DD期間、最終意向表明書提出期限、最終契約締結日、クロージング予定日など）を明確にした上で、入札要綱に同意することを条件にIMを交付します。

4　一次意向表明からDDの実施へ

一次意向表明書には、買取候補先事業の概要、買取希望価格、買取スキーム、資金調達の方法、譲り受け後の事業運営の考え方、役員・従業員に対する対応方針などが記載されるのが通常です。一次意向表明を求める際に、売手側で記載事項を決めることができます。

買取候補先が、どのような企業かどのようなファンドなのかなどを検討し、買取希望価格を考慮して、最終意向表明に向けたDDに進む買取候補先を決めて行きます。通常、DDに進む買取候補先は、３ないし６社程度に絞ります。DDでは、買取候補先がDDにおいて鉢合わせしないように気を配る必要がありますし、各候補先からの大量の質問に答えかつ大量の資料提供にも応じる必要があり、マネージメント・インタビューも各社から求められるため、おのずから時間的限界があるため５社以内に落ち着くケースが多いようです。通常DDは、財務、税務、事業、法務について行われます。３社以上が参加するDDのケースでは、迅速なスケジュール調整はもちろん、デジタル・データールームの開設、売手が実施したセルサイドDDを開示するなど効率的に買取候補先のDDが実施できるように様々な努力がなされます。

DDに対する準備は、IMの作成から始まります。譲渡対象企業の強み、弱み、課題、課題の解決策、将来性、今後の成長戦略などについて、ファイナンシャルアドバイザーと意見を交換しながらIMを作成します。買手候補先は、IMを熟読してDDに入りますが、DDの最重要ポイントは、マネージメント・インタビューです。現経営陣が行うマネージメント・インタビューで失敗すると対象企業に対する信頼が失われ、買取候補先の買収意欲の減退は必至です。万全の準備をして、マネージメント・インタビューに臨んでください。

一次意向表明で少数の買取候補先しか出ないときやなかなか買取候補先が見つからないときなどは、一社に買取候補先を絞り優占交渉権を与える方法を取ることも選択肢の一つです。複数の買取候補先から一社を選ぶときは、譲渡後の経営方針に問題はないか、買取意欲の強い逃げない先か、法的拘束はないものの一次意向表明の買取希望額から大幅に買取価格が下がらない誠実な相手であるかなどを慎重に吟味して、買取候補先を一社に絞り込みます。この場合、買取候補先の買収責任者である社長などと面談し、経営方針や買取意欲の確認を行ってください。

基本合意書には、優先交渉権の内容、優先交渉の期間、DDに関する事項、DDの費用負担、今後のスケジュール、守秘義務条項、法的拘束力のある条項の特定などを定めます。

5　最終意向意表明からクロージングへ

複数社から法的拘束力ある最終意向表明書が提出された場合は、原則として譲渡価格が最も高い買取候補先が買取先になります。ただし、資金調達力に不安がある場合、従業員に対する処遇などの経営方針に問題がある場合などでは、最高価格入札者に落札させない場合もあります。この点については、一次入札の入札要綱において、売却企業が自由に買取先を決定できる旨を記載して問題が生じないようにしておきます。

買取先を決定した後、売手は、速やかに株式譲渡契約ないし事業譲渡契約書などの最終契約書のDRAFTを提示して、最終契約の内容についての調整に入ります。クロージングを急ぐときは、DDの段階で最終契約書のDRAFTを事前に開示して、最終意向証明書の提出段階で概ねの合意を目指すケースも少なくありません。

最終契約書の締結が終わるとクロージングまでの間に、従業員、取引金融機関、重要取引先などに対する説明を行います。従業員に対する説明では、譲渡後の経営方針、経営ビジョン、就労条件、就業環境などの説明を行います。最終契約書に転籍同意書の取得が規定されているときは、キーマン従業員などから転籍の同意書を取得し、クロージングの準備を行います。取引契約において、経営主体が交代したときは契約を解除できる旨の条項（チェンジ・オブ・コントロール条項）があるときは取引先から事前承諾書を取得するなどの準備をすることになります。

他方、買取先は、クロージング前までに資金調達を完了しクロージングに備えるとともに、クロージング後円滑に事業が承継できるよう、100日プランの策定や成長戦略、投資プランの策定、組織改革や規程の改定の準備、新経営陣の選定など様々な準備を整えます。この準備の良し悪しが、M&Aの成功、不成功を決める鍵となります。

クロージングに際しては、表明保証違反がないか、クロージングの前提要件が充足されているか、最終契約に定められている各種書類が準備されているかなどを事前に確認し、クロージング日に必要書類の交付と譲渡対価の支払いが行われ、クロージングは無事終了となります。

Q24　事業承継の前提となる非上場株式の評価の方法について教えてください。

◆会社規模により、類似業種比準方式と純資産価額方式のいずれか又は併用方式となります。
◆土地保有割合や株式保有割合が高い会社など一定の特定の会社の場合には、純資産価額方式等によって算定します。
◆支配力が弱い株主は、配当還元方式になります。

A　会社の規模や株主構成によって、類似業種比準方式、純資産価額方式、配当還元方式となります。

1　会社の規模等による区分

評価対象会社の総資産、取引金額、従業員数によって、大会社、中会社、小会社に区分します。

原則として、大会社は類似業種比準方式、小会社は純資産価額方式、中会社は類似業種比準方式と純資産価額方式との併用方式となります。

類似業種比準方式とは、業種別の株価に対し、その業種の１株当たりの配当金額、年利益金額、純資産価額を評価対象会社と比較して算定するものです。

純資産価額方式とは、評価対象会社の時価ベース（財産評価基本通達による価額）の純資産価額（土地の含み益などに係る法人税相当額を控除）によって算定するものです。

大会社及び中会社であっても、純資産価額方式を選択することもできますし、小会社であっても併用方式を選択することもできます。

ただし、開業後３年未満の会社や土地保有割合や株式保有割合が高い会社など一定の特定の会社の場合には、純資産価額方式等によって算定します。

2　株主構成による区分

いわゆる少数株主の場合には、上記１の評価方法になじまない場合もあることから、その株主が、親族等も含めた議決権割合によって同族株主に該当するかどうか判定します。

同族株主以外の者及び同族株主のうち一定の少数株主の場合には、配当還元方式となります。

配当還元方式とは、実際の配当金額から算定するものです。

ただし、上記１によって算定した金額によることもできます。

3　売買等の場合

上記１は、相続、贈与における評価方法ですが、一定の議決権割合の株主が法人へ売買する場合には、評価対象会社の実際の規模等にかかわらず、小会社として評価することになります。

Q25　事業承継のために会社を売却しようと思います。会社を売却するとき、会社の売却価格をどのように考えたら良いか、教えてください。

◆会社の売却価格を検討する際は、「修正簿価純資産法」と「DCF 法」の考え方を理解しておくと良いでしょう。

◆売却価格を概算で計算するには、①将来の平均年間 FCF を 10% 前後で割り戻した事業価値に、非事業資産を加算し有利子負債を控除して株主価値を求める方法や、②修正簿価純資産に数期間の税引後利益を加算する方法などがあります。

A

1　会社の価値

会社を売却しようとする場合、売り手のあなたは「できるだけ高く売りたい」と考えますが、反対に買い手は「できるだけ安く買いたい」と考えますので、売却価格は売り手と買い手との交渉で決まります。売り手のあなたが買い手と上手く交渉をするためには「会社の価値はこれぐらいの価格だ」、「買い手はこれぐらいの価格であれば納得するだろう」との相場感を持っておくことが重要です。

しかしながら、会社株式の異動がなければ会社の価値について考える機会はほとんどありません。そのため、会社の価値を把握している中小企業の経営者は多くはないのが実情です。また、会社の価値の評価アプローチには様々な方法があるため、「これが正しい会社の価値」という正解がないことも会社の価値を把握しにくい要因となっています。

会社の価値の具体的な評価手法には、①「ネットアセット・アプローチ」(資産から負債を控除した純資産をベースにする方法)、②「インカム・アプローチ」(将来のキャッシュ・フローをベースにする方法)、③「マーケット・アプローチ」(類似する会社の株価をベースにする方法)があります。実務的にはネットアセット・アプローチの「修正簿価純資産法」と、インカム・アプローチの「DCF 法」が多く利用されているため、この考え方を理解しておくと良いでしょう。

2　修正簿価純資産法

会社価値の評価方法として、最も単純な方法は決算書の貸借対照表の資産から負債を控除した純資産に基づく「簿価純資産法」と呼ばれる方法です。実務においては簿価純資産法の欠点を補うため、簿価純資産に以下の項目を修正した「修正簿価純資産法」が多く利用されています。なお、全ての項目について厳密に修正する必要はなく、金額的な重要性が低い項目は省略しても構いません。

(1)　適正な会計処理への修正

純資産は資産から負債を控除して算出されますので、資産・負債について適正な会計処理が行われている（＝資産と負債の金額が適正な金額になっている）ことが前提となります。

適正な会計処理への修正（純資産の調整）は、例えば、滞留している売掛金は回収不能と見込まれる額を修正し、不良在庫は一定の評価損を修正することになります。有形・無形固定資産は利用開始時から毎期規則的・継続的に減価償却を実施した後の残高が適正な残高となりますので過不足があればこれを修正します。また、退職金の支払義務があれば一定の基準に基づいて退職給付引当金相当額を修正し、その他に簿外となっている債務があればこれを修正することになります。なお、ここでいう適正な会計処理とは法人税法上の損金算入の可否とは関係がありませんので留意が必要です。

(2)　時価への修正

会社の価値を算出するためにはできるだけ資産・負債を時価に修正することが必要となります。実務的には、時価が比較的容易に入手できるもの、金額的な重要性が高いものに関して時価への修正が行われますが、その代表的なものが不動産です。

不動産は正式な不動産鑑定評価書を入手する方法もありますが、簡便的に固定資産税評価額を利用して時価相当額を試算する方法が多く利用されています。

なお、ここで説明している修正簿価純資産は会社の価値を把握するために試算されるものであって、会社の決算とは関係ありません。

修正簿価純資産の考え方を理解できると、「会社の売却価格は少なくとも修正簿価純資産の額よりも高いはずだ」と考えるはずです。ただし、修正簿価純資産はあくまでも静態的な評価であるため、将来の収益やキャッシュ・フローの獲得能力が反映されていません。この点に着目した評価アプローチがインカム・アプローチです。

3　DCF 法

いままで「会社の価値」と簡単に説明してきましたが、これをもう少し厳密に整理すると①事業価値、②企業価値、③株主価値の３つに区分することができます。①の事業価値に非事業資産を加えたものが②の企業価値であり、②の企業価値から有利子負債を控除したものが③の株主価値となります。

DCF 法は、事業価値を将来のフリー・キャッシュ・フロー（以下、「FCF」といいます。）の現在価値に基づいて計算し、これに非事業資産を加算し、有利子負債を控除することによって株主価値を求める方法です。DCF 法における事業価値の計算方法は以下のとおりです。

（1）　キャッシュ・フロー計画

将来のキャッシュ・フロー計画は少なくとも５期間程度を作成することが望ましいと考えられます。キャッシュ・フロー計画を作成するためには損益計画・設備投資計画・運転資本計画が必要になります。FCF は、営業利益から法人税等を控除し、減価償却を加算した金額から、設備投資額と運転資本増加額を控除して計算します。

（2）　現在価値への補正

キャッシュ・フロー計画は将来に想定される各年度の FCF であり、これを現在価値へ補正するために割引率を用いて割引計算することになります。なお、計画期間以降の FCF は継続価値（ターミナルバリュー）として計算することになります。

DCF 法で利用される割引率は WACC（Weighted Average Cost of Capital）と呼ばれ、最適な資本構成（借入と株主資本の構成）を前提とした場合の借入コストと株式調達コストを加重平均したコストです。WACC は会社のリスク等に応じて変動しますが、非上場の中小企業においては WACC が 10% 前後になることが多いようです。

各年度の FCF 及び継続価値を WACC に基づいて割引計算した現在価値の総和が「事業価値」となります。

４　実務での対応

(1)　売却価格の概算での検討方法

実際に売却価格を検討する際は、少なくとも金額的な重要性が高い項目を修正した修正簿価純資産を把握する必要があります。また、利益もしくはキャッシュ・フローが安定して出ている会社であれば DCF 法による計算結果も把握した方が望ましいです。

「毎年平均的に年間○○万円の FCF は出せる」との前提条件をおけば、年間 FCF を WACC で割り戻した金額が DCF 法で計算した事業価値と同じ金額になります。仮に、年間 FCF が 1,000 万円で WACC を 10% と仮定すると事業価値は１億円（＝ 1,000 万円÷ 10%）となります。

修正簿価純資産法は将来の収益やキャッシュ・フローの獲得能力が反映されていないことはすでに説明しましたが、修正簿価純資産法に将来の利益を加味して、将来の修正簿価純資産を予測することはできます。５年後の修正簿価純資産は５期間分の税引後利益が増えている（配当はしない前提）ので、仮に現在の修正簿価純資産が 5,000 万円で、毎年 700 万円の税引後利益が出せるのであれば５年後の修正簿価純資産は 8,500 万円（＝ 5,000 万円＋（700 万円×５年））になります。

この考え方は理論的に欠ける部分はありますが、経営者の方が直感的に株主価値を理解しやすい方法です。

(2)　利益もしくはキャッシュ・フローが低水準の場合

会社の利益もしくはキャッシュ・フローが低水準の場合、会社が魅力的には見えないので事業承継をしてくれる買い手を見つけるのが困難となります。また、今まで説明してきたとおり株主価値が高くならないことも理解できると思います。会社の売却にあたっては、計画的に経営改善を立案・実行することにより、利益もしくはキャッシュ・フローを改善させることができれば株主価値をより高めることが可能です。したがって、会社の売却に際しては経営改善も含めた中期的なスケジュールを作成することをお勧めします。

(3)　複数の買い手候補

複数の買い手候補を見つけてそれぞれの購入希望価格を知ることができれば、あなたの会社が第三者からどのように評価されているかを把握することができます。また、入札によって最も好条件の買い手候補を選択することもできます。

ただし、魅力が乏しい会社は、買い手候補を見つけること自体が難しく、買い手候補を複数見つけることができないかもしれません。その場合、買い手候補の立場が強くなり、比較対象もないので、売却価格の交渉は特に慎重に進めた方が良いでしょう。

(4)　売却価格以外の条件

会社の売却においては、売却価格以外にも重要な条件が考えられます。例えば、「従業員の雇用を継続する」、「会社名やブランドを継続使用する」、「既存取引先との取引を継続する」等があります。買い手との売却価格の交渉においては株主価値がベースとなりますが、これらの条件を買い手に受け入れてもらうために売却価格を調整することもあります。

Q26　会社を売却した際の税務について教えてください。

◆譲渡所得の対象となります。なお、売却価額と時価に開差がある場合には、時価により譲渡したとみなされたり、低額譲受などの課税関係が発生します。

A

1　譲渡所得

会社を売却するということは、株式を売却するということです。

個人が、株式を売却した場合、分離課税の譲渡所得の対象となります。

分離課税は、他の所得の損益との通算をすることができず、さらに、非上場会社の株式の譲渡損益と、上場会社の株式の譲渡損益も通算できませんので、株式譲渡益があれば、単純に課税されます。

譲渡所得の計算は、売却価額から取得費と譲渡費用を控除し、所得税（復興税も含みます。）15.315％、住民税５％の計 20.315％です。

この場合の取得費は、通常、株式の購入代金ですが、会社の創業者の場合には、設立の際の払込金額となります。

ただし、売却価額の５％とすることもできます。

2　売却価額と時価の開差

税務においては、原則として時価での取引を前提にしていますので、売却価額と時価に開差がある場合には、上記１以外の課税が発生することがあります。

(1)　時価より低い場合（買主が法人）

買主が法人で、時価の２分の１未満で売却した場合、時価で売却したものとみなされますので、上記１の計算において、売却価額が時価となり、税額が売却価額を上回ることもあり得ます。

また、買主である法人は、時価と売却価額との差額について、受贈益として法人税の課税対象となります。

(2)　時価より低い場合（買主が個人）

買主が個人の場合には、上記（1）のように時価とみなされることはありません。

また、買主である個人は、時価と購入価額との差額について、贈与税の課税対象となります。

(3)　時価より高い場合

売却価額が時価より高い場合には、通常問題となることはありませんが、著しく高い場合には、時価と売却価額との差額は、贈与（買主が法人の場合には一時所得または給与所得）と認定されることもあり得ます。

(4)　時価の算定

非上場株式の時価の算定は非常に困難なので、実務上は、財産評価基本通達に基づいています。

評価方法についてはQ24を参照してください。

Q27　相続の際の財産承継の方法として信託という手法があると聞きました。事業承継でも使えるのでしょうか。

◆複数の相続人間で遺留分をめぐる争いが生じることを防ぐために、自社株式を保有する経営者が、自社株式を信託し、経営者が亡くなった後、受益権を複数の相続人に割合的に取得させる方法が考えられます。経営者が亡くなった後の自社株式の議決権行使について、議決権の指図権を後継者である相続人に付与する方法により、後継者の意思に基づいて議決権が行使される仕組みを構築することができます。

◆また、自社株式の価値の上昇に備えて、自社株式を保有する経営者が、生前に後継者に自社株式を贈与し、贈与した株式を後継者が経営者に対して信託する方法により、議決権行使の決定権を経営者が保有しつつ、後の株価上昇により相続税が高額化するリスクを避けることが可能です。

A

1　遺留分の争いを回避するための自社株式の信託

(1)　自社株式の相続と遺留分

会社の経営者が自社株式を保有している場合、自社株式の価値が高く、経営者が保有している財産の中で自社株式の占める割合が高いケースでは、自社株式の全てを後継者である相続人に相続させるとほかの相続人の遺留分を侵害する事態が生じます。

他方で、遺留分侵害が生じないようにするため、後継者でない相続人にも自社株式の一部を相続させた場合、後継者でない相続人も自社株式の議決権を行使することができることになり、後継者と後継者でない相続人の間で意見が分かれた場合には後継者の意思で会社の意思決定ができない事態が生じるおそれがあります。

(2)　信託の活用

そこで、経営者が生前に保有する自社株式を信託し、経営者が亡くなった後の受益権を後継者と後継者でない相続人に割合的に与えることにより遺留分の問題が生じるのを回避しつつ、自社株式の議決権行使についての指図権を後継者である相続人に与えることにより議決権行使を後継者の意思に委ねる仕組みを構築することが考えられます。

信託は、委託者が自らの財産の所有権を受託者に移転して、受益者のために財産を管理・運用・処分してもらう制度です。

具体的な例として、中小企業庁が設けた「信託を活用した中小企業の事業円滑化に関する研究会」が平成 20 年９月１日に公表した「信託を活用した中小企業円滑化に関する研究会における中間整理」（以下「中間整理」といいます。）において【スキーム２】として紹介されている事例をご紹介します。

スキーム２は、自社株式を保有するＡに、非後継者である子Ｂと後継者である子Ｃがいる以下の図の事例です。スキーム２について、中間整理では「受益権を分割して非後継者（受益者Ｂ）の遺留分に配慮しつつ、議決権行使の指図権を後継者（受益者Ｃ）のみに付与することで、議決権の分散を防止し、後継者への安定的な事業承継を図ることも可能である」と説明されています（中間整理４頁）。

【スキーム２】遺言代用信託を利用した自益信託スキーム②（中間整理４頁より抜粋）

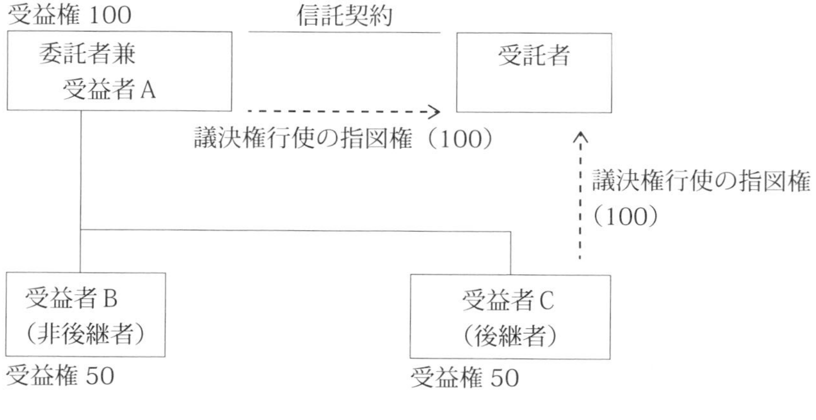

	Ａの生存中	Ａの死亡後
受益者	Ａ（100）	Ｂ（50） Ｃ（50）
議決権行使の指図権者	Ａ（100）	Ｃ（100）

中間整理は、スキーム２については、「遺言や遺産分割によって株式それ自体を相続する場合と比較して、議決権の分散化の防止に資するということができる」と評価しています（中間整理４頁）。Ａの死後、議決権行使の指図権をＣが取得する点について、中間整理は「遺留分の算定に当たっては、議決権行使の指図権は、独立して取引の対象となる財産ではないため、財産的価値はなく、遺留分算定基礎財産に算入されないと考えられる」と説明しています（中間整理４頁注５）。

（3）　後継ぎ遺贈型受益者連続信託

中間整理は、【スキーム４】として、スキーム２の後継者Ｃが亡くなった時点で、議決権行使の指図権をＢの長男であるＤに取得させ、Ｂ及びＣの死後Ｄが 100％の受益権と議決権行使の指図権を取得するスキームが紹介されています（中間整理６頁・７頁）。

スキーム４のように、信託契約により、第一次受益者を委託者自身、委託者が亡くなった後の第二次受益者を委託者の子、第二次受益者が亡くなった後の第三次受益者を委託者の孫と定めるような事例は、後継ぎ遺贈型受益者連続信託と言われる信託です。遺言で財産の承継者を指定する場合、遺言者が指定できるのは自分が亡くなった時の承継者（スキーム４の場合の自分の子Ｃ）までで、承継者が亡くなった時の次の承継者（スキーム４の場合の孫Ｄ）を指定することはできないと考えられています。Ａは亡くなった時点で権利者ではなくなり、Ｃに権利が移転した後のことは権利者であるＣのみが決めることができ、Ａが決めることはできないと考えられるからです。信託契約では、委託者が亡くなった後の次の受益者だけでなく、その後の受益者を指定することが可能です。信託を利用しないとこれを実現することが難しいので、信託を利用する利点の１つといえます。

【スキーム４】後継ぎ遺贈型受益者連続信託（中間整理７頁より抜粋）

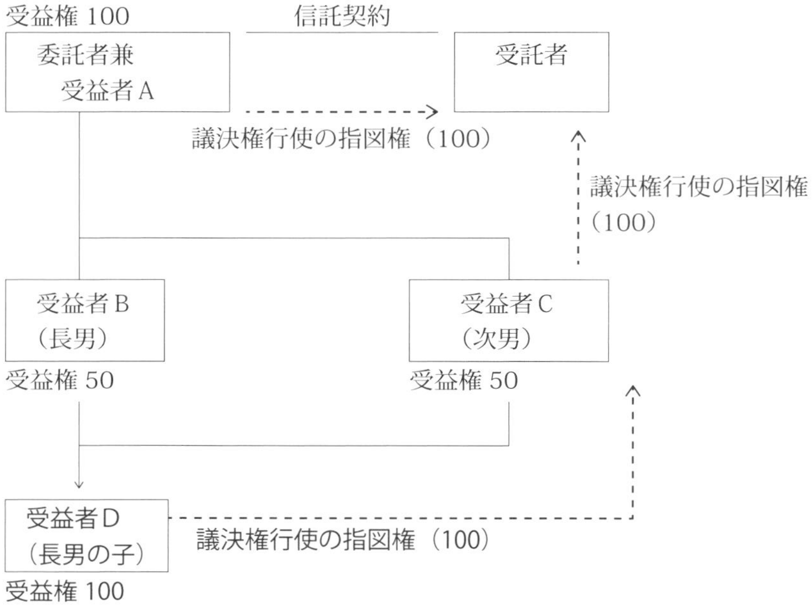

	Ａの生存中	Ａの死亡後	Ｂ・Ｃの死亡後
受益者	Ａ（100）	Ｂ（50） Ｃ（50）	Ｄ（100）
議決権行使の指図権者	Ａ（100）	Ｃ（100）	Ｄ（100）

２　株価の上昇に備えるための自社株式の贈与及び信託

経営している会社の成長が見込まれるケースでは、将来の株価の上昇に備えて、株式を保有している経営者が、後継者である子に対し、生前に自社株式を贈与することを検討する事例が考えられます。贈与税と相続税を比較すると、贈与税の方が税率が高いため、通常は相続税の負担の方が軽くなります。しかし、将来株式の価値が上昇した場合には、生前に贈与した場合の贈与税よりも、相続により子が取得する際の相続税の負担が重くなることがあり得ます。

例として、60 代の経営者Ｅが、30 代の長男Ｆに、Ｅが保有する自社株式を承継させるケースを考えます。Ｅは自社株式を 100％保有しており、後継者である長男Ｆに自社株式を承継させることを希望しています。Ｅの会社は急成長しており、株式価値の上昇が見込まれます。

Ｅが亡くなった時点でＦに自社株式を相続により取得させる場合、相続税が自社株式の価値の上昇により高額となることが予想され、自社株式を贈与した場合の贈与税の負担の方が軽いと見込まれるため、ＥはＦに対して贈与により自社株式を取得させたいと考えています。他方で、自社の経営については、あと 10 年間はＥ自身が行う必要があると考えており、議決権はＥが行使するのが適切であると考えています。

Ｅの希望を実現させる方法として、ＥがＦに対して自社株式を贈与し、Ｆが贈与により取得した株式を、Ｅに対して信託する方法があります。Ｆが取得した株式を、Ｅを受託者、Ｆを受益者として信託することにより、議決権は受託者であるＥが行使することになり、Ｅの希望がかなえられます。

上記のスキームを図にすると以下のとおりです。

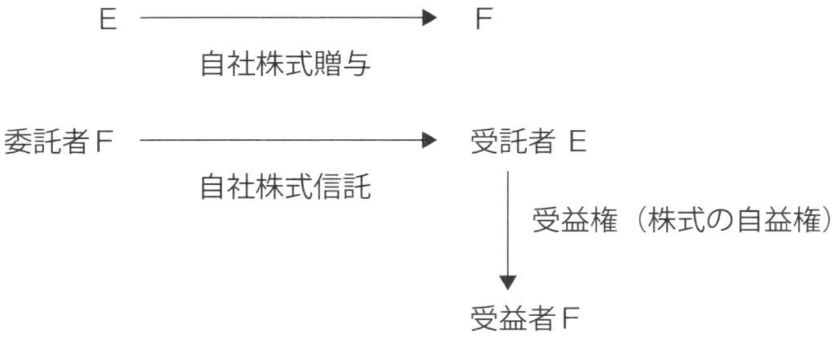

3　受託者の選定

中間整理のスキーム２及びスキーム４のような事案では、受託者の選定が課題となります。

信託業法が、信託の引受けを行う営業（信託業）は内閣総理大臣の免許または登録を受けたものでなければ営むことができないと定めています（信託業法３条、同法７条）ので、信託業の免許または登録を受けていない者が報酬を得て受託者となることは信託業法に違反します。

委託者が信頼できる親族もしくは経営する会社の役員・従業員に受託者を任せるのが典型例です。受託者を任せることができる親族などがいない場合、あるいは中間整理のスキーム４のように信託期間が長期間に及ぶことが想定される場合、当該信託の受託のみを目的とする一般社団法人を設立し、一般社団法人が受託者となるスキームを選択する例があります。当該信託を受託することのみを目的とし、ほかの信託の受託をしない一般社団法人であれば、信託業を行うとは評価されないため、信託業法の免許又は登録を受けていない場合でも信託業法には違反しないと解釈されています。

一般社団法人の意思決定は理事が行うことになりますので、理事に誰を選任するかが課題となります。信頼できる親族、経営する会社の役員などを選任する事例が多く、弁護士・公認会計士・税理士などの専門家も候補になり得ます。

４　信託契約の締結方法

信託契約は、当事者間の契約で効力を生じますので、公正証書によらなければならないものではありません。ただし、委託者が高齢で、後に委託者の意思能力があったかどうかが争われる可能性がある場合には、公証人が作成する公正証書によることが望ましいと考えられます。

信託契約の内容を定める際には、受託者の選定に加え、受託者の事務として何を定めるか、受託者を監督する必要があるか、信託契約の変更や終了事由、信託契約終了時に誰に財産を帰属させるかなど、将来に起こり得る事態を予想しながら、複数の要素を検討する必要がありますので、弁護士に相談することをお勧めします。また、委託者以外の者に受益権が発生する際には課税が生じるかどうかの検討が不可欠ですので、信託財産が一定額以上の場合には、税理士にも相談する必要があります。

【参考文献】

・中小企業庁「信託を活用した中小企業円滑化に関する研究会における中間整理」2008 年９月１日（https://www.chusho.meti.go.jp/zaimu/shoukei/2008/080901sintaku.htm、2019 年９月 25 日最終閲覧）

Q28 相続対策とは何をすればよろしいのでしょうか。特に、不動産や非上場株式についての相続対策について教えてください。

◆唯一の回答はありません。いろいろな側面を考慮し、あらゆる選択肢を検討し実行していく必要があります。
◆不動産については、購入・賃貸による評価圧縮、小規模宅地の特例があります。
◆非上場株式については、株価の試算を行い、会社の実態に即し、対策を練る必要があります。

A

1　概要

相続対策といっても、唯一の回答はありません。ご家族の状況、資産の内容、会社の概況など、様々な要素の中で決めておく必要があり、これしかないというものはありません。

考慮しなければならない側面は数多くあると思いますが、以下のようなものが考えられます。

①納税ができる資産があるか。

現預金に限らず、すぐに売却可能な株式、不動産が考えられます。

②遺産分割に支障はないか。

相続資産が一つのものに偏っており、分割して取得することが難しいときなどには、遺留分侵害に備え、後継者以外への財産の配分方法を検討しておかなければなりません。

③節税対策

Q41の不動産、Q42の非上場株式を参考にしてください。借金によるアパート建築は、入居者の目途は大丈夫か、資金計画は万全かなどを考慮の上、慎重に検討すべきものと考えます。

２　個別の対策

個別の対策は、上記に示した不動産、非上場株式がその大半を占めるものと思います。それ以外のものとして生命保険の活用もあります。また、対策の手法として、生前贈与の活用が、相続税の増税に最も効果が高いと思われます。生前贈与には、高収益の不動産の贈与が効果的ではないかと考えます。

さらには、生前贈与には、以下のような各種特例がありますので、これらも合わせて活用することが節税への近道だと思います。

①贈与税の配偶者控除

2,000 万円までの自宅が非課税となります。

②直系尊属からの住宅取得等資金の贈与税の非課税

贈与の時期により最大 3,000 万円までの住宅取得資金が非課税となります。

③教育資金の一括贈与に係る贈与税の非課税措置

最大 1,500 万円の贈与が非課税となります。

④結婚・子育て資金の一括贈与に係る贈与税の非課税措置

最大 1,000 万円の贈与が非課税となります。

いずれにしても、相続対策は個別性が高いものですから、専門家の意見を聞きながら慎重に進めてください。

（1）不動産について

ア　不動産の購入

相続税における不動産の評価は、土地は路線価または固定資産税評価額、建物は固定資産税評価額に基づいて算定し、国税庁は、土地は、時価の 80％程度になるように路線価を設定しています。

しかし、実際の土地の購入金額に対する評価額の割合はこれより低いこともあり、建物の固定資産税評価額は、建築価額の 50％以下になることも多いようです。

具体的な例として、現金１億円で土地を購入し、評価額の割合が

80％だった場合、現金１億円で保有するよりも課税対象が２千万円減少するということです。

いわゆるタワーマンションはこの開差が激しく、購入金額１億円で、土地建物の評価額合計が 3,000 万円未満というケースもあります。

また、借入金で土地購入を行った場合には、マイナスを発生させることになりますが、いずれにせよ、不動産購入は節税になるといえるでしょう。

イ　不動産の賃貸

未利用地に建物を建築して賃貸するなども節税効果があります。

建物を貸し付けていた場合、その敷地は貸家建付地として評価することになり、借地権割合が 70％の地区の場合、21％減額して評価することになります。

建物は、固定資産税評価額から 30％価額することになります。

具体的な例として、評価額１億円の土地は 7,900 万円となり、評価額 5,000 万円の建物は 3,500 万円になるので、課税対象が 3,600 万円減少します。

ウ　小規模宅地等の特例

小規模宅地等の特例によって、①被相続人等の居住の用に供していた宅地等は 330㎡まで 80％、②被相続人等の事業の用に供していた宅地等は 400㎡まで 80％、③被相続人等の貸付の用に供していた宅地等については 200㎡まで 50％、課税価格を減少させることができます。

この場合、①は、配偶者、同居親族、家屋を所有していない一定の親族が取得、②と③は事業または貸付を承継する者が取得した場合に限定されます。

評価額１億円の居住用土地の場合、上記の通り、条件の合致する者が取得すれば、課税対象が 8,000 万円減額することになります。

（2）非上場株式について

ア　評価額の見直し

非上場株式の評価方法は、Q24 に記載のとおり、財産評価基本通達に基づいて計算するしかありませんが、その基となる金額によって最終的な評価額が大きく変わることがありますので、現時点での非上場株式の評価額を算定し、相続開始までに改善できるところがあれば、それによって評価額を引き下げることもできます。

㈠　類似業種比準価額のウエイト

大会社は類似業種比準価額により、中会社と小会社の併用方式では、会社の規模が大きいほど類似業種比準価額のウエイトが高く（中会社は 0.9、0.75、0.6、小会社は 0.5）なっています。

一般に、類似業種比準価額の方が純資産価額より低いことから、会社の規模が大きいほど評価額は低くなる傾向にあります。

そこで、ウエイトの区分となる金額の直下などの場合には、策を練ることができます。

具体的な例として、不動産貸付業（従業員５人未満）で年間売上が 7,900 万円の場合、会社区分は小会社となりますので、類似業種比準価額のウエイトは 0.5 となります。

この場合、賃貸マンションを１室購入し、賃料収入が月 10 万円だとすると、年間売上が 8,000 万円を超えるので、中会社となり、類似業種比準価額のウエイトは 0.6 となります。

㈡　比準要素１の会社

配当金額、年利益金額、純資産価額のうち２つが０の場合、類似業種比準価額のウエイトは 0.25 で算定することとなります。これに該当する会社は、無配当で年利益金額がマイナスというパターンが多いようです。

そこで、利益を増加させるのはなかなか困難なので、損失であっても配当を行うことが考えられます。

１株当たりの年配当金額が 0.1 円（50 円ベース）以上となるように配当を行えば、比準要素１に該当せず、類似業種比準価額のウエイトが高くなります。

(ウ) 土地保有特定会社と株式保有特定会社

総資産に占める土地保有割合が70％(会社規模によっては90％）の場合には、土地保有特定会社に該当することになり、類似業種比準価額は採用できず、純資産価額で評価することになります。

また、株式保有割合が50％以上の場合には、株式保有特定会社に該当することになり、同様に純資産価額（別の計算方法となる場合もあります。）で評価することになります。

そこで、この割合を引き下げれば、類似業種比準方式（併用方式も含みます。）とすることができます。

この場合、借入れを行えば、その割合は下がりますが、財産評価基本通達によって、合理的な理由のない資産構成の変動は認められませんので、借入金をそのまま預金とするのではなく、他の資産に運用する必要があります。具体的には、株式保有特定会社の場合は、賃貸不動産を購入するなどです。

(エ) 不動産の購入

純資産価額の算定において、法人所有の土地建物も、Q41のように、土地は路線価等、建物は固定資産税評価額をもとに算定することから、純資産価額を低くすることができます。

ただし、購入から３年以内は通常の取引価額で評価することから、効果が表れるまで３年かかります。

イ 会社の新設、分割等

個々の状況にもよりますが、会社を新設して個人資産を移動したり、会社の分割や合併などによって評価額を低くなることもありますので、検討に値します。

例えば、土地保有特定会社と株式保有特定会社があった場合、合併すれば、特定会社から脱却できることがありますので、評価額が低く（合併前は２社合計）なります。

第５章
相続・遺言と法律・税金

Q29　相続について、相続人の範囲等基本的な事項から教えてもらえませんか。

◆相続人（民法 887 条）　胎児　欠格事由　排除
◆相続分（民法 900 条）
◆遺産分割

A

1　相続人

被相続人の子どもがいる場合には、被相続人の子どもと被相続人の配偶者が相続人となります（民法 887 条１項）。被相続人の子どもが被相続人の死亡前に既に亡くなっている場合には、その子どもの子、被相続人からみると孫が相続人となります。これを代襲相続といいます。孫も亡くなっている場合にはひ孫と続きます。ただし、代襲者は被相続人の直系卑属でなければなりません（民法 887 条１項但書）ので、被相続人と養子縁組前から出生していた養子の子や養子の養子などは代襲相続人にはなれません。また被相続人死亡時に胎児だった者は相続において生まれたものとみなされます（民法 886 条１項）。

次に被相続人の直系卑属がいない場合には、被相続人の配偶者のほか被相続人の直系尊属が相続人となります（民法 889 条１項１号）。

直系尊属がいない場合には、被相続人の配偶者のほか被相続人の兄弟が相続人となります（民法 889 条１項２号）。兄弟姉妹の場合にも代襲相続がありますが、代襲されるのは兄弟姉妹の子までで兄弟姉妹の孫には代襲相続権はありません（民法 901 条２項）。

相続人の立場にある場合でも一定の事由のある場合には、相続人になれない場合があります（相続人の欠格事由　民法 891 条）。故意に被相続人を殺害したり、遺言書を偽造、破棄したような場合がこれにあたります。ただ、このような事由があったからといって戸籍に記載されるわけではないので、欠格事由にあたることを証明するには、欠格者が自認する書面を作成（印鑑登録証明書を添付）してもらうか、欠格者に相続権がないことを訴訟で明らかにする必要があります（この訴訟は相続人全員が訴訟当事者にならないといけない固有必要的共同訴訟によってする必要があります。最判平成 16 年７月６日判時 1883 号 66 頁、判タ 1172 号 143 頁）。欠格事由に該当しない場合でも被相続人に対して虐待等をした相続人に対しては、被相続人はその排除を家庭裁判所に請求することができます（民法 892 条）。

このような相続人が全くいない場合には、相続財産は国庫に帰属することになります（民法 959 条）。ただ、相続人がいない場合に被相続人と生計を共にしていた人や療養看護に務めた人など特別の縁故を持つ人（特別縁故者）の請求によって家庭裁判所は特別縁故者に相続財産の一部または全部を与えることができます（民法 958 条の３）。

この特別縁故者の制度は相続人が一人もいない場合の制度でしたが、平成 30 年の法改正により相続人がいる場合であっても被相続人の親族で被相続人に対して無償で療養看護等をし、被相続人の財産の維持・増加に特別の寄与をした者については、相続人に対し、特別寄与料の請求をすることができる制度ができました（民法 1050 条）。この請求は相続の開始及び相続人を知ったときから６か月以内、知っていない場合でも相続開始から１年以内にしないといけません（同条２項）。

２　相続分

子どもと配偶者が相続人の場合の相続分は、子どもの相続分が子ども全員で２分の１、配偶者が２分の１（民法 900 条１号）、配偶者と直系尊属が相続人の場合の相続分は、配偶者が３分の２、直系尊属全員で３分の１（同条２号）、配偶者と兄弟姉妹が相続人の場合の相続分は、配偶者が４分の３、兄弟姉妹全員で４分の１となります（同条３号）。なお、父母の双方を同じくする兄弟姉妹と父母の一方を同じくする兄弟姉妹とは２：１の割合で分けることになります（同条４号）。

３　遺産分割協議

被相続人が遺言書を作成していなかった場合は、相続人全員が遺産分割協議をして遺産分割を行います。通常は、相続人全員の署名押印をして各自の印鑑登録証明書を添付して遺産分割協議書を作成していくことになりますが、多数の場合、同じ書面に全員の署名押印をすることが困難な場合等は遺産分割証明書をそれぞれ作成し、これを全てそろえることで遺産分割協議の成立を証明することも可能です。

相続人が多数いる場合、兄弟姉妹まで相続人が広がる場合には、相続人の数が増えて連絡もつかないことも多くなります。子どもがいない場合、配偶者に面倒をかけさせないためにも遺言書を作成しておくことをお勧めします。兄弟姉妹には遺留分はないので遺言書で配偶者にすべての財産を相続させることが可能です。

遺留分とは、遺言が存在していても保障される最低限の遺産取得分のことです。兄弟姉妹には遺留分はなく、それ以外の相続人に遺留分が認められています。相続人が直系尊属のみの場合には、本来の相続分の３分の１が、それ以外の場合には、本来の相続分の２分の１が遺留分となります（民法 1042 条１項）。遺留分を侵害された相続人は遺留分を侵害している受遺者・受贈者に対して遺留分侵害額請求権を行使して、侵害されている額に相当する金額の支払いを請求することができます（民法 1046 条１項以降）。この遺留分侵害額請求は遺留分を侵害されていることを知ってから１年以内に行使しないといけません（民法 1048 条）。

遺産分割協議が整わない場合には、家庭裁判所に遺産分割調停または審判を起こすことになります。

Q30 私は、自分が生きているうちは自分で経営したいと思っており、会社の株は私が死んだら次の世代に引き継ぎたいと思っています。このような場合、遺言を作成する上で注意すべき点はありますか。

◆株式
◆事業用財産
◆遺言形式の選択
◆遺留分侵害額請求権への対策
◆遺言執行者
◆従業員への承継

A

1　株式

次の世代に会社を引き継がせたいと考えている経営者にとって、遺言によりどのように株式を相続人に承継させるかは大きなポイントとなります。

複数の相続人のうちの１人に会社を引き継がせたい場合には、株式をどのように配分させるべきでしょうか。仮に配偶者はなく子どもが３人いる場合、法定相続分に従えば、株式を３等分にして相続させることになります。しかし、会社における重要事項に関する決定、例えば定款の変更（会社法 466 条）、事業譲渡（会社法 467 条）、解散（会社法 471 条３号）等には、簡単にいうと、株主総会において３分の２以上の株式による決議をもって行うことが必要とされています。そうだとすると、自分の会社を承継させたいと考えている相続人（以下「後継者」といいます。）に対しては、少なくとも３分の２以上の株式を承継させる内容の遺言を作成するべきといえます。そしてその作成にあたっては、下記の非上場株式を前提にした参考条項のように相続人に承継させる株式を特定した遺言書を作成することになります。

> 第●条　遺言者は、別紙遺産目録記載の株式を、株数で、長男Ａ（昭和●年●月●日生）に３分の２、次男Ｂ（昭和●年●月●日生）に３分の１を相続させる。端数は、長男Ａに相続させる。

遺言書を作成するにあたっては、株数をもとに分割する旨の記載が必要になります。この記載がない場合、株式を相続人間で準共有するものであると解釈されかねません。株式を準共有するものと解釈された場合、その株式の共有者は、権利行使者を一人定めて会社に通知をしなければ、当該株式について権利を行使することができなくなってしまい（会社法106条)、円滑な株主権行使及び事業運営を行うことができなくなってしまいます。このような事態を防ぐために、株数をもとに株式を分割することを、文言上明らかにしておくべきです。また、参考条項のように割合的に分割した場合には、端数が生じ得ることから、これについてもあらかじめどのように扱うか定めておくとよいでしょう。

2　事業用財産

会社の事業のために、自らの財産を利用している経営者もいます。そのような事業用財産が相続財産として存在するときには、事業用財産については株式とともに後継者に承継させるべきといえます。会社事業を承継させる者と会社の事業用財産を所有する者が異なるとなれば、将来的に事業用財産の利用に関して、後継者とそれ以外の者との間でトラブルが生じるおそれがあります。そういったトラブルが生じることを予防するために、事業用財産についても、後継者に承継させるべきです。なお、ここにいう事業用財産には、必ずしも不動産とは限らず、動産も含むこともあるので注意が必要です。

3　遺言形式の選択

遺言には自筆証書遺言と公正証書遺言があります。これらの遺言に関する詳しい解説は【Q31】に譲りますが、公正証書遺言は、自筆証書遺言に比して後日その効力について紛争が生じるおそれが少ないことから、公正証書遺言によることをおすすめします。

4　遺留分侵害額請求権への対策

株式や事業用財産が後継者に遺贈された場合、それ以外の者により遺留分侵害額請求権（民法 1046 条）を行使されてしまう可能性があります。では、このような遺留分侵害額請求権に対して、あらかじめどのような対策が考えられるでしょうか。

(1)　遺言書への付記

被相続人によって、遺言書内において、以下の参考条項のように、遺留分をもつ相続人に遺留分侵害額請求権を行使しないよう要望する旨の条項を付記することが考えられます。

> 第●条　遺言者は、●が円滑に事業を遂行することができるように、遺留分権利者が遺留分侵害額請求をしないことを求める。

もっともこの条項自体には何ら法的拘束力はなく、後継者以外の者による遺留分侵害額請求権の不行使をあくまで期待する旨を付記するに留まり、最終的には、遺留分侵害額請求権の行使の判断は遺留分権利者に委ねられます。

(2)　遺留分の放棄

もう一つの対策として、後継者以外に対し、事前に遺留分の放棄（民法 1049 条）をお願いすることが考えられます。この放棄が認められるためには、遺留分をもつ相続人自身がそれを家庭裁判所に申し立てることに加えて、家庭裁判所により許可を得なければなりません。遺留分放棄の許可にあたっては、以下の要件を満たす必要があります。

①放棄が申立人本人の自由な意思に基づくこと

②放棄理由の合理性・必要性

③代償性（放棄と引き換えに何らかの財産的給付が与えられているか。）

特に③代償性は遺留分放棄許可の要件のなかでも、重要な要件といえます。代償性の判断にあたっては、遺留分を放棄しようとしている者が遺留分に代わり何らかの財産的給付を得たかどうかが大きな判断要素になります。

許可にあたって、これらの要件が求められるのは、被相続人が、遺留分をもつ相続人に対し直接ないし間接的に圧力を加えることにより、遺留分をもつ相続人が自らの意思に基づかず放棄の申立てをする可能性が否定できないためです。

つまり、遺留分侵害額請求権の放棄申立てに関する許可は簡単に認められるものではなく、遺留分権利者がその真意に基づき遺留分放棄の許可申立てを行っていると裁判所が判断してはじめて認められることになります。

5　遺言執行者

被相続人の死亡後、遺言の執行を円滑に行うためには、遺言書内で遺言執行者をあらかじめ指定しておくことをおすすめします。相続人の一人を遺言執行者にすることも考えられますが、弁護士、司法書士等といった専門家を指定する方が遺言の執行を円滑に行うことができます。遺言執行者については、平成30年相続法改正によりその役割が明確化され（民法1012条）、また特定財産承継遺言（いわゆる相続させる旨の遺言）がなされた場合、遺言執行者に対抗要件の具備に必要な行為をする権限も与えられました（民法1014条２項）。

また遺言執行者は複数人を指定することも可能です。しかし、遺言執行者が複数人いる場合、遺言執行に関する手続をするにあたって、わざわざ過半数による決議を経なければならず（民法1017条）、遺言執行の手続を円滑に行うことが難しくなります。遺言執行者を指定するにあたっては、単独で指定する方がよいでしょう。

6　従業員への承継

必ずしも事業を承継するのは相続人に限られません。これまで経営に携わることがなかった配偶者や子供に事業を委ねるより、これまで会社に大きく貢献し、会社内部の状況・取引先との関係について熟知している従業員に事業を承継するということも選択肢として十分に考えられます。しかし、従業員に事業を承継させるにしても、事前に取引先等の関係先はもちろん、被相続人の家族等にも話し合いを行っておくことが不可欠です。事前に家族等に対して事業承継について何も説明を行わず、被相続人の死亡後になってはじめて従業員が株式や事業用財産を承継することが判明することにより、被相続人の家族等と事業を承継した従業員の間で無用な争いが生じ、会社の経営に支障が生じるおそれがあります。また、従業員が事業を承継する場合も、遺留分侵害額請求が相続人より行使される可能性はあるため、相続人が後継者になる場合と同様の対応も必要になります。

遺言により従業員に事業を承継させるにあたっては、下記の非上場株式を前提にした参考条項のように従業員に承継させる株式を特定した遺言書を作成することになります。

> 第●条　遺言者は、遺言者の有する下記株式を、A（昭和●年●月●日生）に遺贈する。
>
> 記
>
> 会社名　株式会社○○
> 券　種　普通株式○○株
> 記　号　○○
> 番　号　○○

従業員は相続人ではないため、遺言書の文言は「相続させる」ではなく、「遺贈する」と表記することになります。

Q31　遺言の種類と、それぞれのメリット・デメリットを教えてください。

◆遺言は、民法の定める厳格な方式に従わなければその効力を生じませんので、自らが選択した遺言の種類に応じて、民法に定められている方式に従うことが重要です。

A

1　遺言の種類

遺言は、遺言者の真意を確保し、遺言書の偽造や変造を防止するため、遺言の種類に応じて、民法の定める厳格な方式によらなければその効力を生じません（民法960条）。

遺言には、普通方式と特別方式があります。普通方式の遺言として、①自筆証書遺言、②公正証書遺言、③秘密証書遺言があり、特別方式の遺言として、④危急時遺言、⑤隔絶地遺言があります。特別方式の遺言については、遺言者の死亡が危急に迫っている場合や、一般社会と隔絶した場所にいるために普通方式によることができない特殊状況における遺言の方式で、普通方式と比べると要件が緩和されています。

2　普通方式の遺言のメリット・デメリット

（1）　自筆証書遺言

自筆証書遺言によって遺言をするには、次に掲げる方式に従わなければなりません（民法968条１項）。すなわち、①全文自書であること（法改正によって、財産の目録についてはワープロ等での作成が認められました。）、②日付を特定すること、③署名をすること、④捺印をすることが自筆証書遺言の方式となります。

自筆証書遺言は、自ら文字を書ける人であれば、いつでもどこでも作成することができるので、最も簡単かつ費用もかからない方式といえます。また、遺言書を自分一人で作成することができるので、遺言書の存在とその内容を秘密にすることができます。自筆証書遺言は、簡単かつ費用がかからない点や相続人に対する遺言の秘密性を保持できる点でメリットがあります。

他方で、自筆証書遺言は、全文自筆で行う必要があるため、自ら文字を書けない場合には遺言を行うことができません。自筆証書遺言を作成できた場合であっても、その内容が不明瞭であったために相続人間でその内容をめぐって紛争が生じたり、方式に不備があって遺言書が無効になったりするケースもあり、遺言者の真意を実現することができないこともあります。また、遺言者の知らないところで、相続人等の第三者に遺言書の内容を書き換えられたり、本当は遺言書を残していないにもかかわらず、相続人等の第三者が自己に有利な内容の遺言書を勝手に偽造してしまうというリスクもあります。その他にも、遺言書を残したもののその遺言書が誰にも発見されずに相続人間で遺産分割協議が完了してしまったり、遺言書を紛失されてしまうリスクもあります。

このように、自筆証書遺言は、簡便かつ費用もかけずに作成できる反面、遺言書の存在や内容、方式の履践の有無等をめぐって相続人間で紛争が生じてしまう可能性が否定できず、必ずしも遺言者の意思が実現されるとは限らないというデメリットがあります。また、相続開始後に自筆証書遺言による遺言書が発見された場合、遺言書の保管者や発見者は、速やかに家庭裁判所に対して遺言書の検認を申し立てなければなりません。検認が完了するまでには、検認の申立てから1か月以上かかることが多く、検認が完了するまで、遺言書によって相続手続をすることができません。自筆証書遺言は、こうした検認に要する時間と手間が相続人の負担となってしまうというデメリットもあります。もっとも、平成30年7月6日、法務局における遺言書の保管等に関する法律が成立し（同年7月13日公布）、法務局において自筆証書遺言に係る遺言書を保管する制度を新たに設けられました（令和2年7月10日施行）。この制度を利用して自筆証書遺言を法務局で保管する場合には、遺言書の検認は不要となります。

(2)　公正証書遺言

公正証書遺言によって遺言をするには、次に掲げる方式に従わなければなりません（民法 969 条）。すなわち、①証人２人以上の立ち合いがあること（１号）、②遺言者が遺言の趣旨を公証人に口授すること（２号）、③公証人が、遺言者の口述を筆記し、これを遺言者及び証人に読み聞かせ、又は閲覧させること（３号）、④遺言者及び証人が、筆記の正確なことを承認した後、各自これに署名し、印を押すこと（ただし、遺言者が署名することができない場合は、公証人がその事由を付記して、署名に代えることができます。）（４号）、⑤公証人が、その証書は前各号に掲げる方式に従って作ったものである旨を付記して、これに署名し、印を押すこと（５号）が公正証書遺言の方式となります。

公正証書遺言は、公証人及び証人が関与するので、遺言の内容が明確になり、その内容をめぐって相続人間で紛争が生じることがなくなります。また、公正証書遺言の場合、作成した公証役場に遺言公正証書の原本が保管されますので、遺言書を紛失してしまったり、相続人等の第三者によって遺言書を偽造される心配がありません。さらには、公正証書遺言が作成されると公証人連合会のオンラインに情報が登録されるため、相続人は、相続が発生した後に、公証役場の検索システムで被相続人が公正証書遺言をしているか否かを確認することができ、遺言公正証書が作成されていたことが確認できれば、作成した公証役場に遺言書の謄本を請求することができます。そのため、遺言者としては、推定相続人らに公正証書で遺言を作成したことを伝えておくだけでもよく、相続人が遺言書の存在に気づかずに遺産分割がされてしまうリスクは、自筆証書遺言や秘密証書遺言よりも少ないといえます。また、公正証書遺言の場合には、作成した公証役場に公正証書遺言の原本が保管されているため、自筆証書遺言や秘密証書遺言の場合のような検認手続が不要で、相続人らの手間が軽減されることになります。

他方で、公正証書遺言の場合、証人２人以上の立ち合いで遺言の趣旨を公証人に口述することになるため、遺言書の存在や内容を完全に秘密にすることができません。また、実際に公証役場に遺言者が証人２人以上と一緒に直接行かなければならず、遺言書の作成手続が自筆証書遺言と比べると煩雑になります。さらに、公正証書遺言を作成するにあたっては、財産の相続又は遺贈を受ける人ごとにその財産の価額を算出し、その価額に対応する手数料額を合算した金額の費用がかかります。

このように、公正証書遺言は、遺言書の内容の明確性が担保され、遺言書の紛失や偽造・変造の心配がなく、検認手続も不要なので、遺言者の意思が実現されやすく、相続人らの負担も少ないというメリットがある反面、遺言の存在や内容を完全に秘密にすることができず、手続も煩雑で費用がかかるというデメリットがあります。

(3)　秘密証書遺言

秘密証書遺言によって遺言をするには、次に掲げる方式に従わなければなりません（民法970条）。すなわち、①遺言者が、その証書に署名し、印を押すこと（１号）、②遺言者が、その証書を封じ、証書に用いた印章をもってこれに封印すること（２号）、③遺言者が、公証人１人及び証人２人以上の前に封書を提出して、自己の遺言書である旨並びにその筆者の氏名及び住所を申述すること（３号）、④公証人が、その証書を提出した日付及び遺言者の申述を封紙に記載した後、遺言者及び証人とともにこれに署名し、印を押すこと（４号）が秘密証書遺言の方式となります。

秘密証書遺言は、自筆証書遺言と異なり、全文自書の必要がなく、署名さえ可能であれば本文をパソコンや代筆で作成することができます。また、遺言者は、自ら作成した遺言書を封筒に入れ、その内容を誰にも見られずに封印することによって、遺言書の内容を秘密にすることができます。さらには、遺言書を封筒に入れて、遺言書に押印した印鑑と同じもので封筒に封印をするので、遺言書の内容を第三者に改ざんされる危険は、自筆証書遺言に比べると低いといえます。そのうえ、公証役場で公証人１人と証人２人の前で封筒の中身が自分の遺言書であることを確認し、秘密証書遺言の手続がなされるので、秘密証書遺言を偽造される心配はありません。

他方で、秘密証書遺言の場合、証人２人以上の立ち合いで封筒の中身が自分の遺言書であることを確認するため、遺言書の存在を完全に秘密にすることができません。また、実際に公証役場に遺言者が証人２人以上と一緒に直接行かなければならず、遺言書の作成手続が自筆証書遺言と比べると煩雑になります。そして、公証役場で公証人が関与することになるので、作成手数料もかかります。さらには、秘密証書遺言は、公証役場で遺言書が保管されず、自ら遺言書を保管することになるため、紛失してしまうと遺言書の内容の確認ができません。そのうえ、秘密証書遺言は、公正証書遺言と異なり、公証人によって封印された遺言書の確認がなされないため、万が一遺言書に不備があった場合には秘密証書遺言が無効になってしまいます。もっとも、秘密証書遺言に方式の不備があっても自筆証書遺言の方式を具備していた場合には、自筆証書遺言として効力を有することにはなります（民法 971 条）。また、秘密証書遺言は、自筆証書遺言と同様に検認手続が必要で、検認に要する時間と手間が相続人の負担となってしまうというデメリットもあります。

このように、秘密証書遺言は、遺言書の内容を第三者に知られることなく行うことができ、遺言書の偽造・変造を防止することができるというメリットがある反面、遺言書を紛失してしまったり、遺言書が秘密証書遺言の方式を具備していなかったために無効になってしまうリスクがあり、手続も煩雑で費用がかかるというデメリットがあります。

Q32　2018 年（平成 30 年）の改正で、遺言が使いやすくなると聞きました。2018 年の遺言の法改正について教えてください。

◆ 2018 年改正により自筆証書遺言が便利になった。
改正点１：自筆証書遺言の財産目録をパソコンで作れるようになった。
改正点２：自筆証書遺言を保管してくれる機関ができた。

A

1　概要

遺言書を作成するにあたり、一般的によく用いられるのは、自筆証書遺言と公正証書遺言の２種類の方法です。

2018 年の改正のうち、ご質問と関連するのは、自筆証書遺言であり、以下の２点の改正により、自筆証書遺言がこれまでよりも使いやすくなると考えられます。

2　改正点１：財産目録をパソコンで作成できるようになった

これまで、自筆証書遺言は、遺言書に添付する財産目録（財産のリスト）を含めて手書きで作成する必要がありました。

そのため、ご高齢の方や、資産家の方からすると、財産目録を作成するだけで一苦労でした。

そこで、2018 年改正では、遺言書作成の負担を軽減するため、見直しが行われました。具体的には、財産目録を手書きで作成する必要がなくなり、パソコンで作成したり、預金通帳のコピーや登記事項証明書を添付することが可能となりました。

もっとも、以下の点には注意が必要です。

①財産目録以外の箇所はこれまでどおり手書きでなければならないこと

②財産目録の各頁に署名押印が必要なこと

③１頁からなる遺言書など財産目録を添付しない方式の遺言書の場

合、財産部分は手書きでなければならないこと。

3　改正点２：遺言書を保管してくれる機関ができた

公正証書遺言の場合、公証人が作成に関与し、公正証書遺言の原本は、公証役場で厳重に保管されます。

そのため、遺言書の隠匿、変造のリスクは限りなく低く、また、相続人であれば、公証人役場で公正証書遺言がないか検索できるため、遺言書が発見されないというリスクもほぼありませんでした。

一方、自筆証書遺言は、遺言者が１人で作成することが可能であるため、紛失、隠匿のリスクがあり、また、そもそも遺言書が発見されないということも発生し得ます。これらの点は、自筆証書遺言のデメリットと考えられていました。

こうしたデメリットを踏まえ、2018 年改正では、自筆証書遺言も、公正証書遺言と同様に、法務局に原本の保管を委ねることができるという制度が設けられることになりました。

加えて、遺言書を法務局に預ける際には、担当の事務官が当該遺言の形式的要件（例えば、日付や署名押印などの記入漏れがないか等）を審査することとなっています。そのため、この保管制度を利用することで、当該遺言が形式的要件を満たしているのか確認することができ、後に当該遺言が形式的要件を満たさないことが理由で無効となるという可能性は低くなります（もっとも、内容面までの審査は行われないため、当該遺言が有効であることが担保されているわけではありません。）。

【参考文献】

・潮見佳男「詳解相続法」381～382 頁、428～430 頁（弘文堂、2018 年）

Q33　私が死亡した後、妻が自宅に住み続けられるか不安です。2018 年（平成 30 年）の改正で、配偶者居住権という制度ができたと聞きました。配偶者居住権について、教えてください。

◆遺された配偶者が、これまでどおり自宅に住み続けやすくなるよう配偶者居住権という新しい権利が創設されました。

A

1　はじめに

夫単独名義の家に、妻が一緒に暮らしているという家庭は多いです。この場合、仮に夫が死亡した場合、遺された妻はそのまま住み慣れた自宅に住み続けたいと思うでしょうし、新居に引っ越すというのは経済的にも身体的にも大きな負担となると予想されます。

従前の制度の場合、妻が住み慣れた自宅に住み続けるには、①妻が自宅を相続、②妻以外の他の相続人（例えば、子）が、自宅を相続し、その相続人との間で妻を借主とする賃貸借契約や使用貸借契約を締結するという方法がありました。

しかし、これらの方法には、以下のような問題点がありました。

①については、自宅の評価が高額となるため、妻が預貯金等の財産を取得できず生活費を確保できないという問題や、自宅の評価が相続分を超過する場合、超過分を他の相続人に支払わなければならないため自宅の取得を断念しなければならないという問題（以下「問題点①」）です。

②については、他の相続人の協力が得られない場合には、賃貸借契約や使用貸借契約を締結することができないという問題（以下「問題点②」）です。

2　配偶者居住権の創設

上記の問題点①②を踏まえ、2018 年改正では、配偶者居住権という権利を創設しました（配偶者居住権の施行日は、2020 年（令和 2 年）

４月１日ですので、同日以降に発生した相続から対象となります。また、配偶者居住権を内容とする遺言書も同日以降に作成しなければ、無効となりますので、注意が必要です（附則 10 条２項)。)。

配偶者居住権は、所有権ではなく、対象となる建物を利用する権利なので、対象となる建物を相続して得られる所有権ほど高額な評価はされないものと考えられています。そのため、問題点①のように、自宅は確保できたものの十分な生活費が確保できないということや、相続分の超過分を支払うことができないために自宅は諦めざるを得ないという事態は、これまでよりも生じにくくなると予想されます。

また、配偶者が配偶者居住権を希望しているものの、他の相続人がそれに反対していた場合でも、裁判所は、不利益を受ける他の相続人の不利益を考慮しても、配偶者の生活を維持するために特に必要があると認めるときは、配偶者に配偶者居住権を付与することができます。そのため、問題点②のように他の相続人の協力が得られなくても、配偶者がそれまで暮らしていた自宅に住み続けられる可能性があります。

３　配偶者居住権の成立条件

配偶者居住権が成立するには、次の条件を満たす必要があります。

①配偶者が、被相続人の相続開始時に、被相続人の建物に居住していること

②被相続人がその建物を配偶者以外のものと共有していないこと

③配偶者が配偶者居住権を取得する旨の遺産分割協議の成立、遺贈又は死因贈与がなされたこと

つまり、上記の例（夫単独名義の自宅に夫婦が居住しており、夫が先に死亡した場合）においては、妻が配偶者居住権を取得する旨の遺産分割が成立した場合や、夫が配偶者居住権を妻に遺贈する旨の遺言がなされていた場合には、妻は配偶者居住権を取得することになります。

4　配偶者居住権の内容

用法	配偶者は、原則として、従前（相続開始時）の用法に従い、自宅 を使用収益できます。
存続期間	配偶者居住権は、終身の権利です。ただし、遺産分割等で期間を定めた場合には、その期間に限り存続します。
対価の有無	配偶者居住権は、無償の権利です。賃料等の利用料は発生しません。
費用負担	通常の必要費は、配偶者が負担し、それ以外は、所有者が負担となります。
修繕	通常の必要費は、配偶者負担であることから、原則として、配偶者が修繕することができます。
対抗要件	配偶者居住権を有していることを第三者に主張するには、登記手続きする必要があります。
譲渡・第三者の利用	配偶者居住権の譲渡はできません。また、所有者の同意がない限り、自宅を第三者に使用収益させる（ex. 賃貸）ことも認められていません。

5　配偶者短期居住権とは

2018年改正では、配偶者居住権とともに、配偶者短期居住権という権利も創設されました。配偶者短期居住権とは、一定の場合を除いて、相続開始から最低6か月は、配偶者がそれまで住んでいた被相続人名義の自宅を利用することができるという権利です。

従前の制度では、相続開始後の一時的な配偶者の居住権を保護する方策が限定的であったため、その保護の範囲を拡張しました。

この権利の創設により、配偶者が、突然やってくる相続の開始によって、配偶者がそれまで住みなれた被相続人名義の自宅からすぐ退去しなければならなくなったり、賃料相当の金銭を他の相続人等に支払わなければならないという問題は解消されることになります。

［参考文献］

・堂園幹一郎ほか「一問一答　新しい相続法」9頁（商事法務、2019年）

Q34　遺贈と相続の違いについて教えてください。また、包括遺贈と特定遺贈について教えてください。

◆遺贈と相続は、亡くなった方の財産を一定の者に承継させる制度ですが、承継にあたって遺言の作成が必要となるか、またどの範囲の者に財産を承継させることが可能かといった点に違いが生じます。

◆遺贈と相続では、財産の承継に関する手続や承継する財産について権利関係を有する第三者との関係等において、違いが生じる場合があります。

◆包括遺贈と特定遺贈は、遺贈の対象となる財産を遺言者の財産の一定割合と定めるかにより区別されますが、遺言者の債務までも承継する結果となるか、最終的な財産の承継に際して遺産分割協議が必要となるかといった点に違いが生じます。

point!

A

1　遺贈と相続について

相続とは、被相続人の死亡により、被相続人の財産に属した一切の権利義務を一定の親族（相続人）が承継することをいいます。また、遺贈とは、遺言により、遺言者が死亡した場合に、その財産の全部又は一部を無償で遺言に定めた者（受遺者）に与えることをいいます。このように、相続と遺贈は、被相続人や遺言者の死亡を契機として、死亡した者の財産の全部又は一部が、一定の者に承継されるという点において共通する側面を有しますが、次のとおり様々な相違点もあります。

(1)　遺言の要否について

相続と遺贈は、亡くなった方の財産の承継が当然に生じるか否かという点において、両者には違いがあります。すなわち、「相続の場合には」資産を保有し、あるいは負債を負担している方が亡くなれば、当然に相続人に対してそのような資産や負債の承継が生じることとなります（民法882条、896条）。他方、遺贈により財産を承継させるためには、遺贈を行おうとする方が生前に遺言書（民法の定める方式に従った遺言）

を作成して、財産の承継について定める必要があります（民法964条、985条1項）。

(2)　財産の承継人の範囲について

相続と遺贈では、その財産の承継人とすることができる者の範囲も異なります。民法は、遺贈については、「遺言者は、包括又は特定の名義で、その財産の全部又は一部を処分することができる。」と定めるのみであり（民法964条）、その財産処分の相手方を限定していません。したがって、遺贈は、相続人ではない方（知人や法定相続人ではない孫など）、あるいは法人その他の団体に対しても行うことができますし、また相続人に対しても行うことができます。他方、相続の場合には、民法の886条以下に相続人の範囲や順序が法定されています。したがって、もし相続人ではないが財産を承継させたい方がいる場合には、遺贈を行うか、あるいは養子縁組などにより相続人としての地位を生前に確保しておくこととなります。

(3)　資産の移転について

次に、相続や遺贈により資産の移転が生じる際の取り扱いについて見ていきます。

①　不動産

ア　第三者との関係について

個人で所有する工場や賃貸マンションを承継させることは、遺贈によっても相続によっても可能です。

しかしながら、相続人の一人が、第三者に対し、その不動産を勝手に売却したり、あるいは抵当権を設定したりした場合に、不動産の所有権の移転原因が相続か遺贈かで取扱いに差が生じます。

すなわち、遺贈の場合、受遺者は、所有権移転登記を具備しない限り、相続人が不動産を売却した買主や抵当権者に対して、その所有権を主張することができません（民法176条、177条）。なお、遺贈による所有権の移転は、登記義務者である相続人と登記権利者である受遺者の共同申請とされていますので、協力的ではない相続人がいる場合には、遺贈された不動産の所有権を第三者に主張できないリスクが高まります。

他方、相続の場合には、相続人が相続した不動産のうち法定相続部分とこれを超過する部分に分けて考える必要があります。まず、法定相続部分については、他の相続人が当該部分を仮に誰かに売却したとしても、相続人は、所有権移転登記を具備することなく、その所有権を主張することができます。しかしながら、法定相続部分を超過する部分については、当該超過部分に関する所有権移転登記を具備しない限り、第三者に対し、その所有権を主張することができません（民法 899 条の２第１項）。したがって、相続人が、遺言や遺産分割により法定相続分を超過する不動産を取得するような場合には、第三者との関係で注意を要します。

イ　賃貸不動産について

賃貸不動産が相続や遺贈の対象となった場合、その所有権は被相続人の死亡により相続人あるいは受遺者に移転することとなります。もっとも、賃貸不動産については、その不動産に対する所有権の帰趨という問題とは別に、その不動産の借主と貸主（被相続人・遺言者）との間において締結されている賃貸借契約の帰趨という問題も存在します。この点、相続の場合には、相続人が当然に賃貸借契約における賃貸人の地位も承継することとなります。また、遺贈の場合においても、賃貸借継続中に遺言が効力を生じたときは、遺言の効力発生とともに直ちに賃貸物たる不動産の所有権が受遺者に移転し、賃貸借契約における賃貸人の地位もこれに伴って受遺者に移転するとされています（最判昭和 39 年８月 28 日）。したがって、相続人であっても受遺者であっても、賃貸不動産とそれに伴う賃貸人の契約上の地位を承継できることとなります。

②　債権

ア　債務者及び第三者との関係について

個人で保有する貸付金債権や預金債権を承継させることは、相続によっても遺贈によっても可能です。

しかしながら、貸付債権や預金債権を承継した者が、その債務者である借入人や金融機関に対し、その権利を主張しようとする場合に、債権の移転原因が相続か遺贈かで取扱いに差が生じます。

すなわち、遺贈の場合、受遺者は、譲渡通知又は譲渡承諾を具備しない限り、債務者に対して、その権利を主張することができません（民法467条1項）。なお、譲渡通知は、譲渡人（相続人）から債務者に対して行うことが求められていますので、協力的でない相続人がいる場合には、遺贈された債権を、その債務者にすら主張できないリスクが生じます。

他方、相続の場合には、相続人が相続した債権のうち法定相続部分とこれを超過する部分に分けて考える必要があります。まず、法定相続部分については、譲渡通知や譲渡承諾を具備することなく、相続人は、その権利を債務者に主張することができます。しかしながら、遺言や遺産分割により法定相続部分を超過する部分については、譲渡通知や譲渡承諾を具備しない限り、その権利を債務者に主張することができません（民法899条の2第1項）。したがって、相続人が、遺言や遺産分割により法定相続分を超過する債権を取得する場合には、債務者との関係で注意を要します。なお、法定相続分を超過する部分の譲渡通知は、譲渡人である共同相続人全員からの通知が必要となりますが、必ずしも他の共同相続人から協力を得られるとは限りません。そこで、民法899条の2第2項は、遺言や遺産分割により、法定相続部分を超過する債権を取得した相続人は、債務者に対して遺言や遺産分割の内容を明らかにしてその承継を通知することによって、単独で債務者対抗要件を具備することができることとしています。

なお、債権譲渡の第三者対抗要件は確定日付を付した譲渡通知又は譲渡承諾ですが（民法467条2項）、この第三者対抗要件を具備する必要があるか否かは、不動産における所有権移転登記の具備と同様の結論になります。従って、遺贈や法定相続部分を超過する部分を取得する場合には必要ですし、法定相続部分のみを取得する場合には不要です。

イ　預貯金

預貯金債権は、譲渡禁止特約が付された債権ですが、相続の場合には当然に、また遺贈の場合であっても通常金融機関がこれを承諾して承継することが出来ます。

払い戻し等の際には、遺贈の場合は、債務者対抗要件との関係で、相続人や遺言執行者の協力が一定程度必要になるケースが多いものと思われます。

相続の場合は、預貯金債権は遺産分割の対象となる旨の判例があるため、遺産分割協議が必要となる場合には、遺産分割協議書の提出が必要となります。なお、今般の相続法の改正で、相続開始時の預貯金債権の額の３分の１に当該相続人の法定相続分を乗じた額の範囲においては、金融機関ごとに法務省令で定める額を限度として、遺産分割協議終了前でも、単独で金融機関に対して払い戻しを求めることができるようになりました（民法909条の２）。

ウ　賃借権

個人で締結している土地や建物に関する賃借権（賃借人たる地位）の承継も、相続によっても遺贈によっても可能です。

民法は、賃借人は、賃貸人の承諾を得なければ、賃借権の譲渡を行うことができないと定めています（民法612条）。

したがって、遺言者の遺言という意思表示により賃借権を譲り受けた受遺者も、賃貸人の承諾を得ない限り、賃借権を主張することができません。

他方、相続の場合には、相続人は、賃貸人の承諾を得なくとも、当然に賃借権を承継することができます（もちろん賃借人の死亡が賃貸借契約において解除事由となっている場合には、別途賃貸人の承諾が必要となります。)。

③　株式

個人で所有する株式を承継の対象とすることは、相続によっても遺贈によっても可能です。

もっとも、株券を発行していない株式会社において、株主としての地位を株式会社その他の第三者に対して対抗するためには、株主名簿の名義書換を行う必要があります（会社法130条1項)。そして、この名義書換の請求は、相続その他の一般承継の場合等を除き、株主名簿に記載されている者又はその相続人と譲受人とが共同してしなければならないと定められています（会社法133条、会社法施行規則22条1項4号)。

したがって、相続人は、単独で名義書換の請求が可能ですが、受遺者は、相続人又は遺言執行者と共同で名義書換の請求を行うこととなります。

また、承継の対象となる株式が、譲渡制限株式の場合には、名義書換の請求に先立って、当該譲渡制限株式の譲渡に係る株式会社の承認を得る必要があります。そして、会社法は、株式の譲受人が譲渡承認請求を行う場合には、名義書換の請求と同様に、株主名簿に記載されている者又はその相続人と譲受人が共同してしなければならないと定めています（会社法137条)。

したがって、株式を特定遺贈により承継した場合には、特定受遺者は、相続人又は遺言執行者と共同で、譲渡承認請求を行うこととなります。

なお、譲渡制限株式は、特定承継による株式の譲渡を制限する制度であり、相続や包括承継による承継は制限されません。したがって、相続人や包括受遺者は、譲渡承認請求を行う必要はありません。

2　包括遺贈と特定遺贈について

包括遺贈とは、遺言者が、遺贈の対象をその財産の全部又は一定の割合と定めた遺贈をいい、特定遺贈とは、遺言者が、遺贈の目的となる財産を特定した遺贈をいいます。また、包括遺贈は、遺言者がその財産の全部を遺贈する全部包括遺贈と、その一定割合を遺贈する割合的包括遺贈に分類することができます。包括遺贈と特定遺贈は、両者とも遺贈者が遺言書をもって行う財産処分行為ですが、民法は、包括遺贈の受遺者（包括受遺者）は、相続人と同一の権利義務を有すると定め（民法990条）、特定遺贈と異なる取扱いをしています。

まず、包括受遺者は、相続人と同一の権利のみならず「義務」をも有すると定められていることから、全部包括受遺者であれば遺言者のすべての資産のみならずすべての負債も承継し、割合的受遺者であれば定められた割合の範囲で資産と負債を承継することとなります。他方、特定遺贈の場合には、遺言書において特定された資産のみが承継され、負債は承継されません。

なお、割合的包括受遺者の他に、相続人がいる場合には、割合的包括受遺者は共同相続人と同様の立場になり、最終的には遺産分割協議により、資産と負債の承継範囲を決することとなります。

また、包括受遺者が遺贈を放棄する場合には、相続と同様に、自己のために包括遺贈がなされたことを知った日から３か月以内に家庭裁判所において放棄の申述をしなければなりません。包括受遺者が、３か月以内に放棄も限定承認の申述も行わない場合には、遺贈を単純承認したものとみなされます。

Q35 長女に、会社の株と会社で使用している、私が持っている土地を相続させるように遺言を書こうと思います。顧問の弁護士から、遺留分に注意した方がいいといわれました。遺留分の内容とどのように注意したらいいか教えてください。

◆遺留分とは、相続人が有する、被相続人の財産に対する最低承継分に係る権利を意味します。これは、相続人の生活保障や資産形成への貢献を考慮するという制度目的のもと、被相続人の財産処分の自由に一定の制限を加えたものです。
◆民法の規定に従って、今回の株式と土地を長女に対して相続させることにより、他の相続人の遺留分を侵害する可能性があるかを確認しておく必要があります。
◆遺留分侵害の可能性がある場合には、遺留分を有する他の相続人の協力や仮に遺留分侵害額の請求がなされた場合に備えた資金手当てについても検討しておく必要があります。

point!

A

1　遺留分とは

遺留分とは、被相続人の財産処分の自由に制約を加えて、相続人のうち法律で定められた者に対して法律で定められた割合の財産の承継を保障する制度をいいます。民法は、1042 条以下に、遺留分に関する規定を置いています。

(1)　遺留分の権利者

遺留分権利者は、相続人のうち、兄弟姉妹を除いた、被相続人の配偶者、子、直系尊属となります（民法 1042 条）。今回のように子どもがいる場合には、相続人は、配偶者と子のみとなりますので、長女に対して会社の株と会社で使用している土地を相続させる場合には、あなたの配偶者と長女以外の子どもの遺留分が問題となります。

(2)　遺留分の割合

民法は、遺留分について、遺留分を算定するための財産の価額に対する遺留分権利者全体の割合として定めています（総体的遺留分割合。民法 1042 条１項）。具体的には、①直系尊属のみが相続人である場合には、被相続人の財産の３分の１を、②それ以外の場合には、被相続人の財産の２分の１を、遺留分割合としています。今回のように、相続人が配偶者と子の場合には、②の場合に該当しますので、被相続人の財産の２分の１が、配偶者と（長女Ａの方を含めた）子ども全員の総体的遺留分割合となります。

次に、相続人が複数ある場合には、個々の相続人の遺留分を検討します。個別的遺留分割合は、先ほどの総体的遺留分割合に法定相続分を乗じて算出されます（個別的遺留分割合。民法 1042 条２項）。

●　個別的遺留分割合＝総体的遺留分割合×法定相続分

したがって、例えば、今回の配偶者の方の個別的遺留分割合は、総体的遺留分割合である２分の１に、法定相続分である２分の１を乗じた４分の１ということになります。

（3）　遺留分を算定するための財産の価額

民法 1043 条１項は、遺留分を算定するための財産の価額について、「被相続人が相続開始の時において有した財産の価額にその贈与した財産の価額を加えた額から債務の全額を控除した額。」と定めています。したがって、次の様に算定されます。

遺留分算定のための財産の価額	＝	相続開始時に有した財産の価額	＋	贈与した財産の価額	－	相続債務の価額

ア　遺留分算定に算入される「贈与」

遺留分を算定するための財産の価額に算入される「贈与した財産の価額」の対象となる「贈与」は、被相続人が生前に行ったすべての贈与ではなく、民法が定める一定の贈与に限られています。具体的には、①相続人に対する生前贈与のうち、相続開始前 10 年以内に行われ、かつ、婚姻・養子縁組のためあるいは生計の資本としてなされたもの、②相続人以外に対する生前贈与のうち、相続開始前1年以内に行ったもの、③①②より過去に行われた生前贈与のうち、被相続人と贈与の相手方の双方が遺留分権利者に損害を加えることを知ってなされたもの、については、その贈与対象物の価額が遺留分算定の基礎に算入されることとなります。なお、「遺留分権利者に損害を加えることを知って」という要件について、大判昭和11年6月17日は、贈与時に遺留分を侵害している事実のみならず、将来において財産が増加しないという予見があったことが必要である旨述べています。したがって、贈与時から相続開始時まで長期にわたるような場合（被相続人に一定の収入等があり将来において財産が増加すると考えるのが通常と思われる場合）には、遺留分を侵害する認識があったと認定される事例は多くないものと思われます。

なお、過去に行われた贈与が、遺留分を算定するための財産の価額に参入される場合、その評価の時期は相続開始時とされています（民法1044条2項）。

以上のことから、例えば、長女あるいはその他の子どもに対して、相続開始前10年以内に住宅購入資金やその他の多額の資金を贈与していた場合には、遺留分の算定に際して、その贈与の価額を算入することが必要となります。

イ　遺留分算定に算入される「債務」

遺留分算定の基礎となる債務（控除される債務）は、被相続人が負担する相続債務の全額です。これには、私人間の債務のみならず、公租公課などの公法上の債務も含まれます。また、保証債務については、主債務者が無資力で求償権による回収が見込まれないような特別な場合を除き、遺留分算定の基礎となる債務に含まれないとされています（東京高判平成8年11月7日判時1637号31頁）。

したがって、例えば、経営者として、金融機関からの借入に対する保証を行っていたとしても、そのような保証債務は、遺留分算定に際して考慮されないこととなります。

(4)　遺留分額の算定

以上の（2）及び（3）に従うと、次のように、具体的な遺留分の金額を算定することができます。

遺留分の額 ＝ 遺留分算定の基礎となる財産（相続開始時の財産の価額＋贈与財産の価額－相続債務の価額） × 個別的遺留分の割合（総体的遺留分×法定相続分）

(5)　遺留分の侵害

遺留分権利者個々人の具体的な遺留分の額が判明しましたら、次に、そのような遺留分が侵害されているかどうかを検討します。遺留分が侵害されているかどうかは、算定された個々人の遺留分の額に対して、当該相続人が相続財産より受けた利益が満か否かにより判断されます。また、遺留分の額に対して、相続財産より受けた利益が満たない場合には、その差額が遺留分の侵害額となります（民法 1046 条２項）。

遺留分侵害額 ＝ 当該相続人の遺留分の額 － 当該相続人の受ける相続財産の価額※

なお、「当該相続人の受ける相続財産の価額」は、次のように算定されます。「特別受益額」は、先ほどの遺留分を算定するための財産の価額の場合と異なり、相続開始前 10 年間に行われたものに限りません。

※当該相続人の受ける相続財産の価額 ＝ 特別受益額 ＋ 相続により得た額 － 相続債務の分担額

したがって、遺留分権利者となり得る相続人がいる場合でも、生前に行った住宅購入資金の贈与の額や、相続に伴い得る相続財産の額によっては、遺留分侵害は生じないこととなります。

2　遺留分侵害の効果（遺留分侵害額の請求）

（1）　概要

遺留分が侵害された場合には、遺留分権利者及びその承継人は、遺留分侵害額に相当する金銭の支払いを請求することができます（民法1046条）。

なお、民法は、遺留分侵害額の請求をするか否かを、遺留分権利者の判断に委ねています。したがって、遺留分が侵害されている状態であっても、遺留分権利者は、侵害額の請求を行うも行わないも自由です。

（2）　遺留分侵害額の請求の当事者

遺留分侵害額の請求をできる権利者は、遺留分権利者とその承継人とされています（民法1046条1項）。承継人とは、遺留分権利者の相続人、包括受遺者などをいいます。

遺留分侵害額の請求の相手方は、原則として、受遺者、特定財産承継遺言（いわゆる相続させる旨の遺言）により財産を承継し又は相続分の指定を受けた相続人、受贈者、それらの一定の承継人となります。

（3）　遺留分侵害額の負担額

遺留分侵害額の請求を受けた受遺者や受贈者は、遺贈、特定財産承継遺言、贈与の目的物の価額を限度として、遺留分侵害額の金銭支払い債務を負担することとなります。なお、「贈与」については、受贈者が相続人の場合には、遺留分を算定するための財産の価額に算入された贈与（相続開始前10年以内になされたもの）に限られます（民法1047条）。また、遺贈、特定承継権、贈与の目的物の価額は、相続開始時を基準に評価されます（民法1047条2項）。

次に、遺留分侵害額の請求を受けた者が相続人である場合には、その者の負担額は、遺贈等の目的物の価額から、その者の遺留分の額を控除した残額となります。

負担額	＝	遺贈、特定財産承継遺言、贈与の目的物の価額	－	遺留分侵害額の請求を受けた相続人の遺留分の額

なお、遺留分侵害者が複数いる場合の、遺留分侵害額の負担順序及び負担割合については、民法 1047 条１項に規定されています。

（4）　その他

ア　遺留分の放棄

遺留分の放棄は、相続の開始前にも行うことができますが、これには家庭裁判所の許可が必要となります（民法 1049 条）。他方、相続開始後の放棄は、家庭裁判所の許可を要することなく、相手方に対する意思表示により行うことができます。

イ　消滅時効・除斥期間

遺留分侵害額の請求は、相続の開始及び遺留分を侵害する贈与又は遺贈があったことを知った時から１年間行使しないときは、時効によって消滅します（消滅時効）。また、相続開始の時から 10 年を経過した時も消滅します（除斥期間。民法 1048 条）。なお、遺留分侵害額の請求に伴い生じる具体的な金銭債権は、一般的な債権と同様の消滅時効の規律に服します。

ウ　裁判所による期限の許与

遺留分侵害額の請求一履行期は、その請求がなされた日であることから、当該請求を受けた受遺者や受贈者の資産状況によっては、これを直ちに支払うことができない場合があります。そのため、請求を受けた受遺者等の請求により、裁判所が遺留分侵害額の請求により負担する債務の全部または一部について相当の期限を許与できることとされています（民法 1047 条５項）。

３　注意点

今回は、あなたの保有する会社の株式と不動産を遺言により相続させるというものです。この点、このような「相続させる」旨の遺言は、遺産分割方法の指定をしたものと解されるところ、遺贈や贈与と同様に、遺産分割方法の指定についても遺留分の問題は生じます。

そうすると、まずは、１に従って、概算でも良いので、遺留分侵害の可能性を検討します。遺留分を算定するための財産の価額には、個人で負担している債務も含まれますが、保証債務は含まれません。また、遺留分侵害の有無は相続開始時の価額で評価しますので、株式や不動産のように価格変動が生じる資産については一定のレンジを設定して評価せざるを得ません。そのようにして各相続人の方の遺留分の額が算定されましたら、次に、各相続人に対して相続させる予定の資産や生前に贈与する特別受益の額などが、算定した遺留分の額に満たない可能性があるか否かを検討します。

遺留分侵害の可能性がほとんど考えられないような場合は別ですが、侵害の可能性がある場合には、対象となる相続人の方に対して、相続開始前の遺留分の放棄について協力してもらえるか否かを検討します。

相続開始前の遺留分の放棄について協力を打診することが困難な場合又は打診するも協力を得られない場合には、遺留分侵害のリスクを抱えたまま遺言を行うこととなります。遺言では、遺言に定めることにより法律上の効果が生じる事項（法定遺言事項）のほかに、法律上の効力は生じない事項（付言事項）も記載することができます。遺言者としては、付言時効として、相続開始後に遺留分を放棄してもらうことや、放棄しなくとも行使を控えることを記載することで、相続人への事実上の効果を期待することもできます。

なお、遺留分侵害額の請求がなされた場合には、長女は、遺言により取得した株式や不動産の価額から、自らの遺留分の額を控除した差額を限度として、当該請求者に対して金銭支払い債務を負担します。裁判所による期限許与の制度もありますが、請求を受ける長女の方の金銭的手当てについても可能な限り検討しておく必要があるものと思います。

また、本問のように推定相続人が複数いる場合、後継者に自社株式・事業用資産を集中して承継させようとすると、遺留分侵害リスクが残るという問題に対応するため、経営承継円滑化法において民法の特例として「除外合意」「固定合意」の制度が設けられました（Q38）。

Q36　遺言ではなく、生前贈与で私が持っている土地を贈与しようと思います。遺留分との関係で注意すべき点を教えてください。

◆生前贈与による遺留分侵害の有無を判断するには、まず、生前贈与の相手方が相続人か否かを確認します。
◆生前贈与の相手方が相続人の場合には、原則として相続開始前10年間に行われた一定の贈与が遺留分侵害の有無を判断するにあたり考慮されます。他方、相手方が相続人以外の場合には、原則として相続開始前1年間に行われた贈与が考慮されます。
◆例外として、被相続人と受贈者の双方が当該贈与により遺留分権利者に損害を加えることを知っていた場合には、期間の制限なく、当該贈与が考慮されます。

A　1　遺留分と生前贈与

被相続人が生前に行った贈与については、遺留分侵害額の請求の対象となる可能性があります。この点、Q35においても説明したように、遺留分を算定するための財産の価額は、次のように算定されます。

遺留分算定のための財産の価額	＝	相続開始時に有した財産の価額	＋	贈与した財産の価額	－	相続債務の価額

そして、遺留分を算定するための財産の価額に算入される「贈与した財産の価額」の対象となる「贈与」とは、①相続人に対する生前贈与のうち、相続開始前10年以内に行われ、かつ、婚姻・養子縁組のため或いは生計の資本としてなされたもの（いわゆる特別受益）、②相続人以外に対する生前贈与のうち、相続開始前1年以内に行ったもの、③①又は②より過去に行われた生前贈与のうち、被相続人と贈与の相手方の双

方が遺留分権利者に損害を加えることを知ってなされたもの、でした。

したがって、上記に従い遺留分を算定するための財産の価額として算入される「贈与」に該当する場合には、当該生前贈与は遺留分侵害額の算定に当たり考慮されることとなります。他方、上記の「贈与」に該当しない場合には、当該生前贈与は遺留分侵害額の算定に当たり考慮されません。

遺留分算定のための財産の価額として算入される「贈与」に該当するか否かについて、民法は、贈与の相手方が相続人か否かにより区分して規定しています。

2　生前贈与の相手方が相続人ではない場合

生前贈与の相手方が相続人ではない場合には、まず、当該贈与が相続開始前１年以内に行われたものか否かを検討します。生前贈与が相続開始前１年以内に行われたものである場合には、当該生前贈与は、遺留分を算定するための財産の価額に算入されて、遺留分侵害額が生じる可能性があります。他方で、生前贈与が相続開始前１年以内に行われたものではない場合には、原則として、遺留分算定のための財産の価額に算入されません。但し、生前贈与が相続開始前１年以内に行われたものでない場合であっても、被相続人と受贈者の双方が遺留分権利者に損害を加えることを知って贈与を行ったときは、例外的に、期間制限なく、遺留分算定のための財産の価額に算入されることとなります。

以上をまとめると、次頁のようになります。

3　生前贈与の相手方が相続人の場合

生前贈与の相手方が相続人である場合には、まず当該贈与が民法903条１項に定める特別受益に該当する贈与か否かを検討します。特別受益とは「婚姻・養子縁組のため或いは生計の資本」としてなされた贈与をいい、いわば実質的な相続分の前渡しをいいます。仮に生前贈与が特別受益に該当しない場合には、当該生前贈与は遺留分算定のための財産の価額として算入されません。他方で、当該生前贈与が特別受益に

【生前贈与の相手方＝相続人以外の者】

STEP１：相続開始前１年以内に行われていたか。 —○→ 遺留分算定のための財産価額に算入「される」。

↓ ×

STEP２：被相続人と受贈者の双方が遺留分権利者に損害を加えることを知っていたか。 —○→ 遺留分算定のための財産価額に算入「される」。

↓ ×

遺留分算定のための財産価額に算入「されない」。

該当する場合には、次に、当該特別受益が相続開始前10年以内に行われたものか否かを検討します。特別受益が相続開始前10年以内に行われたものである場合には、当該生前贈与は、遺留分を算定するための財産の価額に算入されて、遺留分侵害額が生じる可能性があります。

他方で、特別受益が相続開始前10年以内に行われたものではない場合には、原則として、遺留分算定のための財産の価額に算入されません。但し、特別受益が相続開始前10年以内に行われたものでない場合であっても、被相続人と受贈者の双方が遺留分権利者に損害を加えることを知って贈与を行ったときは、例外的に、期間制限なく、遺留分算定のための財産の価額に算入されることとなります。

以上をまとめると、次頁のようになります。

【生前贈与の相手方＝相続人】

STEP 1：特別受益に該当するか。 ―×→ 遺留分算定のための財産価額に算入「されない」。

｜
○
↓

STEP 2：相続開始前 10 年以内に行われていたか。 ―○→ 遺留分算定のための財産価額に算入「される」。

｜
×
↓

STEP 3：被相続人と受贈者の双方が遺留分権利者に損害を加えることを知っていたか。 ―○→ 遺留分算定のための財産価額に算入「される」。

｜
×
↓

遺留分算定のための財産価額に算入「されない」。

4　事例検討

以上２及び３の検討を具体的な事例でみていきます。

【事例】

・相続人は、配偶者、長女Ａ、次女Ｂの３人。

・被相続人は、相続開始の 11 年前に、自らが経営する会社に賃貸している工場敷地を、長女Ａに贈与。不動産の評価額は、当時 6,000 万円

・相続開始時の財産は、自宅マンション（評価額 5,000 万円）と預貯金 1,000 万円の合計 6,000 万円。なお、11 年前に長女Ａに贈与した不動産の相続開始時の評価額は、１億円。

・相続開始時の財産は、法定相続分に従い各相続人に相続させる旨の遺言あり。

【事例】において、仮に被相続人と長女Ａの双方に遺留分権利者に損害を加える認識がなかった場合、次女Ｂの遺留分は次のようになります。

■次女Ｂの遺留分＝相続開始時の財産：6,000 万円× 1/2（遺留分割合）× 1/4（法定相続分）＝ 750 万円

■次女Ｂの相続に伴う取得財産＝ 6,000 万円× 1/4 ＝ 1,500 万円

■したがって、次女Ｂの遺留分（750 万円）≦次女Ｂの相続に伴う取得財産（1,500 万円）となり、遺留分侵害額は生じない結果となります。

他方、【事例】において、仮に被相続人と長女Ａの双方に遺留分権利者に損害を加える認識があった場合、次女Ｂの遺留分は次のように算定されます。

■次女Ｂの遺留分＝（相続開始時の財産：６,000 万円＋生前贈与の財産：１億円）× 1/2（遺留分割合）× 1/4（法定相続分）＝２,000 万円

■次女Ｂの相続に伴う取得財産＝ 6,000 万円× 1/4 ＝ 1,500 万円

■したがって、遺留分侵害額＝遺留分：2,000 万円－相続取得財産：1,500 万円＝ 500 万円、となります。

なお、遺留分侵害額の請求を受けた者が相続人である場合には、その者の負担額は、生前贈与の目的物の価額から、遺留分侵害額の請求を受けた相続人（長女Ａ）の遺留分を控除した額となります。

■長女Ａの負担額＝生前贈与の目的物の価額：１億円－長女Ａの遺留分：２,000 万円＝８,000 万円

長女Ａの負担額（８,000 万円）は、次女Ｂの遺留分侵害額（500 万円）を上回りますので、長女Ａは、次女Ｂからの遺留分侵害額の全額（500 万円）について、責任を負うこととなります。

5　加害の認識

事例検討においても見たように、被相続人や受贈者が、遺留分権利者に損害を加えることを知っていたか否かは、遺留分侵害の有無に大きな影響を与えます。この点、Q35 においても記載したように、「遺留分権利者に損害を加えることを知って」という要件について、判例（大判昭

和 11 年6月 17 日）は、贈与時に遺留分を侵害している事実のみならず、将来において財産が増加しないという予見があったことが必要である旨述べています。また、下級審（東京地判昭和 51 年 10 月 22 日）ですが、同様に、「「損害を加えることを知ってなした贈与」であるか否かは、贈与財産の全財産に対する割合だけではなく、贈与の時期、贈与者の年齢、健康状態、職業などから将来財産が増加する可能性が少ないことを認識してなされた贈与であるか否かによるものと解すべき」旨述べています。

したがって、具体的にはケースバイケースとならざるを得ませんが、被相続人が相当額の役員報酬を得ており、その年齢及び健康状態からも経営者としての地位を今後も継続すると見込まれ、贈与による被相続人の財産のマイナスをその後の役員報酬や役員退職金により概ね回復できると見込まれる場合には、結果として異なる事態が生じたとしても、「損害を加えることを知ってなした贈与」と評価されるリスクは低いものと思われます。

6　持戻し免除の意思表示

なお、民法 903 条３項は、被相続人が、特別受益にあたる贈与について、相続分を算定する際の相続財産の価額に算入しなくても良いとの意思表示を行った場合には、かかる贈与を考慮することなく、各相続人の相続分を算定することを認めています（持戻し免除）。

しかしながら、遺留分制度は、あくまで被相続人の財産処分の自由に一定の制約を加え、相続人に対して一定の財産の承継を保障する制度です。

したがって、被相続人が持戻し免除の意思表示を行った場合でも、対象となる特別受益については、３に従って、遺留分算定のための財産の価額に算入されるか否かが決せられます。

Q37　遺留分は、相続が始まる前に放棄することはできますか。その方法を教えてください。

◆相続開始前の遺留分の放棄の可否・沿革
◆遺留分の放棄の性質
◆遺留分の放棄の方法
◆遺留分の放棄の効果
◆相続開始後の遺留分の放棄について

A

1　相続開始前の遺留分の放棄の可否・沿革

遺留分制度とは、一定範囲の相続人に対して、被相続人の財産の一定割合について相続権を保障する制度であり、被相続人がこの割合を超えて生前贈与や遺贈をした場合、相続人は、遺留分侵害額に相当する金銭債権を有します（民法 1046 条。この金銭債権を「遺留分侵害額請求権」といいます。）。

遺留分侵害額請求権を行使するかは、原則個々の権利者に委ねられていますが、民法は相続開始前の放棄について、家庭裁判所の許可を受けたときに限り、認めています（民法 1049 条１項）。

2　遺留分放棄の性質

遺留分の放棄は、被相続人に対する意思表示によって行う単独行為であり、家庭裁判所の許可によって効力が生じます。遺留分を放棄することができるのは、第１順位の相続人です。後順位の相続人は、先順位者が相続開始後に相続放棄をしない限り、相続権・遺留分権を取得しないことから、遺留分放棄の対象外と解されています。

遺留分の放棄は法律行為であるため、未成年者がこれを行うためには、親権者もしくは未成年後見人の同意または代理が必要です。成年被後見人の場合は、成年後見人が代理して行う必要があります。被保佐人についても、遺留分の放棄は実質的に相続の一部放棄に該当し、保佐人の要同意事項である相続放棄に準じて考えることが適切であるとされているため、被保佐人は単独で遺留分を放棄することはできず、保佐人の同意が必要となります（民法13条1項6号）。

未成年者について、親権者が法定代理人として遺留分の放棄の申立をする場合には、利益相反行為（民法826条）に該当する場合があるため、注意が必要です。例えば、父の相続に関して、母が子を代理して遺留分の放棄を行うことは、母と子の間に利益相反関係が生じると解されています。また、子が複数いる場合に、特定の子のみ遺留分の放棄を行うと、他の子は、他の子に対してなされた贈与・遺贈が減殺の対象から免れるという利益を受けることになるため、この例も、利益相反関係が生じると解されています。

このような場合には、特別代理人の選任を家庭裁判所に請求する必要があります（民法826条）。

遺留分の放棄は、その全部の割合の放棄に限らず、一部の割合を放棄することも可能と解されています。また、特定の処分行為に対する特定の遺留分侵害額請求権を放棄することも可能です。例えば、被相続人が所有している遺産のうち、不動産を長男に相続させるために生前贈与した場合に、この不動産について、他の相続人が遺留分侵害額請求権を行使することができないように事前に放棄することもできます。

3　遺留分の放棄の方法

相続人は家庭裁判所に許可申立を行い、家庭裁判所より許可審判がなされることによって、遺留分を放棄することができます（管轄裁判所は被相続人となる者の住所地です。家事事件手続法216条1項2号）。

家庭裁判所は、遺留分放棄の許否の判断にあたり、主に以下の①～③の事情を考慮しています。特に、裁判例においては、③の事情の有無に言及されることが多いです。

①放棄が本人の自由な意思に基づくこと

②放棄の理由に合理性・必要性があること

③放棄の代償の有無（放棄と引き換えに贈与を受けているか等）

また、民法は、遺留分の放棄が濫用されないように、相続開始前の遺留分の放棄について、家庭裁判所の許可が必要としているとおり、家庭裁判所が後見的役割を果たすことを期待していることから、家庭裁判所は、放棄の許可審判を行うにあたり、当事者間の具体的事情を勘案して放棄の理由が客観的に見て合理的かどうか判断するべきと考えられています。

もっとも、家庭裁判所の運用を見ると、申立の大半が許可されていると指摘されています（花田政道「遺留分事前放棄の許可基準」ジュリ391号89頁、松倉耕作「遺留分の事前放棄」判タ499号157頁」。）。

許可が認められなかった例としては、妻が、被相続人である夫に対する遺留分の放棄許可を求めた場合において、妻の申立は被相続人の発意により出たものであり、殊に配偶者相続権の確立の理念に反するとして許可しなかったもの（東京家審昭和35年10月4日家月13巻１号149頁）、被相続人の非嫡出子が、５年後に相続人から金300万円を贈与されるという約束の下で放棄の申立をした場合に、このような贈与は現実に履行されるか否かたやすく予断できないから、許可をすると思わざる損害を惹起するおそれがあるとして許可しなかったもの（神戸家審昭和40年10月26日家月18巻４号112頁）などがあります。

事前放棄の許可審判がされた後に申立の前提となった事情が変化し、遺留分を放棄した状態を維持することが客観的に不合理・不相当となった場合には、家庭裁判所は職権で放棄を許可する審判を取り消したり、変更することができます（東京高決昭和58年９月５日判時1094号33頁。家事事件手続法78条）この許可取消の申立に基づく審判に対する不服申し立ては許されないとされています（東京高決昭和60年８月14日判時1165号104頁）。なお、遺留分の放棄の許可申立を却下する審判に対しては、即時抗告が認められています（家事事件手続法216条２項）。

4　遺留分の放棄の効果

遺留分の事前放棄がなされたとしても、他の遺留分権利者の遺留分は増加しません（民法 1049 条２項）。したがって、遺留分の事前放棄がなされると、それだけ被相続人の自由に処分できる部分が増えることになります。また、遺留分の放棄と相続放棄は異なる法律行為であるため、遺留分の放棄をしたとしても、相続放棄がされたことにはなりません。そのため、相続債務を含めて相続財産の承継をしないようにするためには、熟慮期間内に相続放棄手続を行う必要があります。一方で、相続放棄は、被相続人より承継した権利義務を一切承継しなかったことにする行為であることから、相続放棄を行うと、遺留分の放棄も行ったこととなり、相続放棄以外の手続を行う必要はありません。なお、代襲相続の場合、代襲相続人は、被代襲者が有した権利しか取得できないことから、被代襲者が遺留分の事前放棄をしていると、代襲相続人には遺留分が認められません。

5　相続開始後の遺留分の放棄について

相続開始後の遺留分の放棄については、遺留分権者が自由に行うことができ、家庭裁判所の許可は不要です。この場合の遺留分の放棄は、個々の遺留分侵害者に対する意思表示によって行われます。

Q36　遺留分には、除外合意、固定合意、付随合意という制度があると聞きました。どのような制度か教えてください。

◆経営承継円滑化法では、事業承継の際に民法上の遺留分の制約の問題が生じ得ることから、これに対応するため、会社の株式・個人事業者の事業用資産の贈与に関し、「民法の特例」が認められています。

◆「民法の特例」では、会社の株式の贈与の場合、贈与された株式の価額について、遺留分を算定するための財産の価額に算入せず除外する旨の合意（除外合意）や、遺留分を算定するための財産の価額への算入価額を、合意時の時価に固定する旨の合意（固定合意）のほか、これらに併せてオプションとしての任意の合意（付随合意）が認められています。一方、個人事業者の事業用資産の贈与の場合、固定合意は認められません。

◆これらの合意には、経済産業大臣による確認と、家庭裁判所による許可が必要です。

point!

A

1　趣旨

中小企業・小規模事業者においては、経営者の個人資産の大部分を、自社の株式や事業用資産が占めるケースが多いです。そのため、先代経営者が後継者に対して（個人資産の大部分を占める）株式や事業用資産を贈与等した場合には、遺留分を侵害されたと主張する、後継者以外の遺留分を有する相続人（本稿では、相続発生前の推定相続人も含め、以下「非後継者」といいます。）から、遺留分侵害額請求を行使されるリスクが高まります。

この点、遺留分は、相続開始前でも、家庭裁判所の許可を受ければ、放棄することが可能です（改正民法 1049 条１項）。したがって、民法の規定に基づき、非後継者全員に遺留分を放棄してもらうことで、先代経営者の相続開始前に、遺留分に係る紛争を、未然に防止することは可能です。しかし、そのためには、非後継者全員が、それぞれ、個別に家庭裁判所に対する許可申立を行い、家庭裁判所の許可を得る必要があるため、非後継者にとっては（自分にとって遺留分放棄によるメリットはないにもかかわらず）相当な手続負担になるものと思われます。また、非後継者全員について、家庭裁判所から統一的な判断が下されるとも限りません。

一方、先代経営者が株式を贈与して後継者がこれを取得した後、後継者の努力により事業が急成長し、会社の株式の価値が高まった場合には、仮に先代経営者が亡くなってしまうと、（価値の高まった株式を含む）相続開始時の相続財産の価値に基づいて、遺留分の金額が算定されてしまいます。そのため、株式の贈与を受けた後に会社を成長させようとする後継者の意欲が、削がれることにもなりかねません。また、非後継者にとっても、一定時点における株式の価額に固定し、その後の価値上昇分に対しては遺留分を主張しないということには同意できる場合も考えられますが、遺留分放棄では、予め特定の財産の一定時点における価額について、遺留分を算定するための財産の価額に算入すべき価額として固定することができません。

このような民法の遺留分に伴う問題点を解決するため、中小企業における経営の承継の円滑化に関する法律（以下「経営承継円滑化法」といいます。）において、「民法の特例」という制度が設けられました。当初は、会社の先代経営者が自社の株式を贈与した場合のみが対象とされましたが、2019 年（令和元年） 7 月 16 日施行の改正経営承継円滑化法において、個人事業者が事業用資産を贈与した場合も対象とされるようになりました。

なお、「民法の特例」は、同じく経営承継円滑化法により認められる、法人版事業承継税制（非上場株式等についての相続税・贈与税の納税猶予制度）や、個人版事業承継税制（個人の事業用資産についての贈与税・相続税の納税猶予・免除制度）とも併用が可能です。これにより、法務面（遺留分）及び税務面（相続税・贈与税）の両面でのケアが可能となります（ただし、各制度の適用要件を、それぞれすべて満たす必要があります。）。

2　基本となる合意（基本合意）の内容

(1)　除外合意

除外合意とは、対象となる株式・事業用資産の価額について、遺留分を算定するための財産の価額に算入せず除外する旨の合意です（経営承継円滑化法４条１項１号、同条３項）。会社の株式を取得した後継者（会社事業後継者）でも、個人事業者の事業用資産を取得した後継者（個人事業後継者）でも、利用が可能です。

(2)　固定合意

固定合意とは、対象となる株式について、遺留分を算定するための財産の価額への算入価額を、当該合意時の時価に固定する旨の合意です（経営承継円滑化法４条１項２号）。固定合意の場合には、弁護士、公認会計士、税理士等の「相当な価額」の証明が必要です（前述の「除外合意」には不要です。）。経営承継法における非上場株式等評価ガイドライン（平成21年２月、中小企業庁により公表）も参照する必要があります。また、固定合意は、会社の株式の贈与の場合には認められておりますが、個人事業者の事業用資産の贈与の場合には認められておりません。

会社事業後継者は、除外合意と固定合意を併用することも可能です。たとえば、会社事業後継者が議決権の50％に当たる株式の贈与を受けた場合に、うち20％の株式については除外合意を行い、残りの30％の株式については固定合意を併せて行うことも可能となっております。

固定合意は、いわば、対象となる株式の価額が当該合意時から先代経営者の相続開始時までに値上がりした部分のみを、遺留分を算定するための財産の価額から外すのみであるのに対し、除外合意は、それだけでなく、当該合意時における株式の価額も外すものです。したがって、会社事業後継者にとっては、除外合意ができればベストなのであり、固定合意は、除外合意を取り付けられないときの副次的な位置づけのものと考えられます。

一方、固定合意は、合意時から先代経営者の相続開始時までの間に、株式の価額が上がれば会社事業後継者に有利に働きますが、株式の価額が下がれば、会社事業後継者に不利に働きます（遺留分を算定するための財産の価額に、高く固定された株式の価額が含まれることになるためです。）。このような、株価下落により会社事業後継者が不利益を受けるリスクにも留意して、固定合意の利用を検討する必要があります。

(3)　非後継者がとり得る措置の定め

後継者が、対象となる株式・事業用資産を他に処分した場合や先代経営者の生存中に代表者として経営に従事しなくなった場合等について、非後継者がとり得る措置（合意の解除、制裁金等）の定めをしなければいけません（経営承継円滑化法４条４項、同条５項）。

これは、除外合意・固定合意に加えて必ず定める必要がありますが、後継者の経営の自由度を高めるため、後継者が株式・事業用資産を処分しても非後継者は何ら異議を述べず、一切の金銭を請求しない等の内容を定めることもできます。

3　基本合意に付随する合意（付随合意）の内容

以上の基本となる合意に併せて、オプションとして、任意で、次のような基本合意に付随する合意を行うことも可能です。

①除外合意・固定合意の対象となる株式・事業用資産以外の財産で、後継者が取得したものについても、除外合意を行うことが可能です（経営承継円滑化法５条）。

②後継者・非後継者間の衡平を図るための措置に関する定め（非後継者への代償措置等）に関する合意を行うことが可能です。その上で、非後継者が取得した財産についても、除外合意を行うことが可能です（経営承継円滑化法６条）。

４　手続

手続の概要は以下のとおりです。実際の申請の際には、必ず、中小企業庁のホームページに掲載されている経営承継円滑化法申請マニュアル「民法特例」（令和元年７月中小企業庁財務課発行。以下「申請マニュアル」といいます。）及び経営承継円滑化法・同法施行令・同法施行規則を参照して、適用要件を満たしていることを確認し、必要な申請書・添付書類を遺漏なく揃えた上で、手続を進める必要があります。

（1）　先代経営者が、後継者等へ株式・事業用資産を生前贈与します。

（2）　先代経営者の推定相続人全員と後継者が、除外合意・固定合意等の合意を締結します。

（3）　上記（2）の合意から１ヶ月以内に、後継者が、経済産業大臣に対する確認申請を行い、同確認を受けます。

なお、会社事業後継者と異なり、個人事業後継者は、事業用資産に関して認定経営革新等支援機関の確認を受けたことを証する書面も提出する必要があります（経営承継円滑化法施行規則３条２項２号ホ）。

（4）　上記（3）の確認から１ヶ月以内に、後継者が、家庭裁判所に対する許可申立を行います。家庭裁判所は、上記（2）の合意が当事者全員の真意に出たものであるとの心証を得なければ、当該合意を許可することができません。家庭裁判所の許可の審判が確定すると、当該合意の効力が発生します。

「民法の特例」を利用すれば、書面で合意した後の手続を、後継者のみで行うことができるため、非後継者全員に遺留分の放棄を求めるよりも、ハードルは低いと言えます。「民法の特例」も、遺留分対策の一案としてご検討頂けるとよいかと思います。

※本稿の内容は、著者個人の見解であり、所属する組織の見解ではありません。

Q39　2018年（平成30年）の改正で、遺留分についても改正されると聞きました。遺留分についての改正の内容を教えてください。

◆改正点１：遺留分が主張されても、他の相続人との共有状態が生じなくなった。
◆改正点２：早期の相続人への贈与が遺留分の影響を受けにくくなった。

point!

A

１　改正の内容

（1）　従前の制度

遺留分を侵害する遺贈や贈与がなされると、遺留分を侵害された者（以下「遺留分請求者」といいます。）は、遺留分減殺請求をすることで、遺留分を侵害する範囲で遺贈や贈与の効果が失われるとされ、このことが事業承継の妨げになっていると指摘されていました。

例えば、資産のほとんどが会社の株式という被相続人（会社の経営者）が、特定の相続人（会社の後継者）のみに会社の株式を相続させる旨の遺言をした場合、他の相続人から遺留分減殺請求がなされると、会社の後継者と他の相続人とは当該株式の共有状態となります。株式が共有状態となると、会社の後継者が単独で当該株式の権利行使を行うことは難しくなるほか、共有状態の解消をめぐって新たな紛争が生じることが予想されます。

（2）　改正点１：共有状態が生じなくなった

2018年改正により、遺留分減殺請求は遺留分侵害額請求と名前を変え、そして、他の相続人から同請求がなされても、従前のような共有状態は生じなくなりました。

すなわち、遺留分侵害額請求がなされても、遺留分を侵害する遺贈や贈与そのものの効力は維持され、遺留分請求者は、遺留分侵害分の金銭を請求できるに留まります。

そのため、遺留分侵害額請求がなされても、会社の後継者は、遺留分相当分の金銭を支払うことで、不動産や株式の共有状態を回避することができます。

(3)　改正点２：早期の相続人への贈与が遺留分の影響を受けにくくなった

相続人各自の遺留分を算定するときに、基礎となる財産のことを基礎財産といいます。

2018 年改正では、この基礎財産の範囲をこれまでよりも限定しました。その結果、遺留分に影響を与える被相続人の処分の範囲も限定されたことになります。

具体的には、次に示す表のとおりとなります。

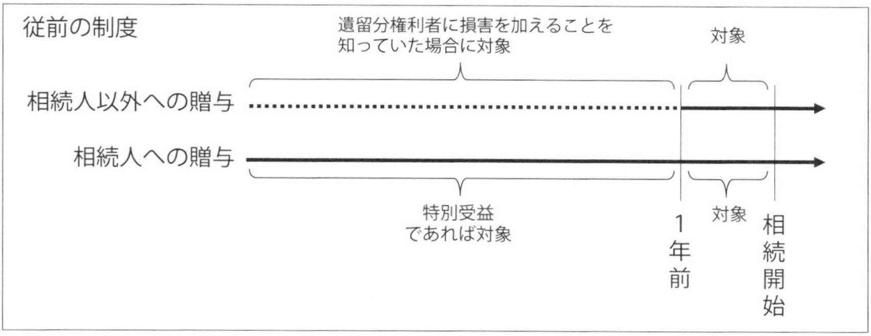

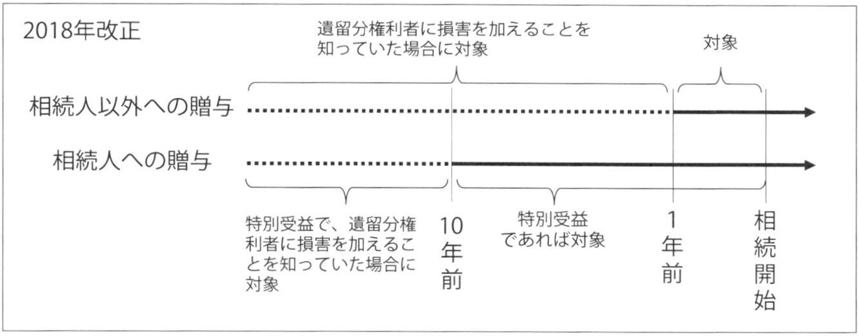

相続人以外への贈与についてのルールに変更はありませんが、相続人

への贈与についてのルールに大きな変化があります。

相続人への贈与のうち、相続開始から10年より前に行われた贈与については、遺留分に影響を与える可能性が低くなりました。

これにより、親族間での財産の承継が、早期に行われれば行われるほど、遺留分をめぐるトラブルは生じにくくなることになります。

2　まとめ

2018年改正によって、遺留分が事業承継に与える影響が少なくなり、これまでよりも、被相続人が考える事業承継が実現しやすくなりました。事業承継を考えている方は、これをきっかけに、早めに事業承継に着手されることが期待されます。

Q40　父が会社経営をしていて、財産も一定程度ありそうですが、銀行からの借入など負債もありそうです。父の相続が発生する前に、家族でできることはありますか。

◆お父さん（以下、「父親」といいます。）が元気なうちに早めの準備。
◆儲かっている会社の株式の相続は、要注意。
◆父親の保証債務の処理を忘れずに。相続ができなくなることがあります。

A

1　父親の頭がクルクル回っているうちに準備を

終活や相続税対策、事業承継は、父親の頭が、クルクル回っているうちに行うべきです。認知症などが始まり、意思能力に不安がある状態に至ると、遺言書の作成、株式の譲渡、不動産の売買ばかりでなく、預貯金の引き出しすらできなくなるなど、父親が一人でできることが大幅に制約され、事業承継や相続税対策はおろか、必要資金の支払のための預金の払い戻しができない場合すら発生します。

相続税対策と事業承継は、法律問題、税務問題にかかわるため、法律や税制の時限性、改正なども良く理解し正しく進めて行く必要があります。特に、税務対策は数年の期間を要するものもありますので、父親が元気で、頭もクルクル回っていて、難しい問題を理解し、困難な問題にも取り組める、健康と時間の余裕のあるうちに早めの対応を執ることがとても大切です。

70 歳から 100 歳までのライフプランも含めて、終活、相続税対策、事業承継対策を計画的に実行できるように、自己の現状（健康状態、財産状態、家族状況など）と決めておくべき課題を整理し、早めに各課題をどう処理するか決めておきましょう。

2　相続財産の調査と相続税の試算を

父親の所有している財産と金融機関からの借入などの債務の調査を、専門家である税理士、公認会計士、弁護士などに依頼して、父親には、どのような財産があり負債があるのか、将来相続が起こったとき、財産はいくらと評価され相続税が発生するのか、発生する相続税は幾らくらいか、また、負債の方が多くて相続放棄や限定承認をした方が良いのかといったことを事前に調査しておくことが肝要です。

不動産を複数お持ちであれば、評価額が高額化するため、大きな評価誤差が発生し易くなります。加えて、広大地、変形地、無道路地、傾斜地などがあれば、その評価はさらに難しくなります。不動産についても適正な相続税評価がなされなければなりませんが、専門家にとっても評価誤差が発生する可能性は否定できず、相続税の過少申告による追加納税が発生するおそれもあります。

会社を経営されている方では、会社が順調で毎期利益を出して、会社に資産が積み上がっている場合は、父親が所有されている会社の株式の価値が想像以上に高く、相続税の負担が極めて重いということも少なくありません。この場合は、まず、株式の価格を評価しそれが高額であれば、相続税対策として、①株式の評価を下げる対策、②株式の生前譲渡の検討、③事業承継税制の活用などが課題となります。

父親は、金融機関の債務の保証人になっているのが普通だと思います。この場合、会社の債務が、会社の収益力と会社の保有財産で、会社債務の全ての弁済が可能であれば、会社を引き継ぐ人が、父親の保証人の地位を引き継いでも良いでしょう。

問題は、会社の収益力と会社の保有財産、それに加えて父親の所有資産をつぎ込んでも会社債務の弁済ができない場合です。このような場合には、相続人が単純相続してしまいますと保証債務を追求されるリスクが発生しますので、相続の放棄、相続財産の範囲でのみ債務を弁済する限定承認相続を検討する必要が出てきます。

このように、相続財産の評価や相続税の試算、事業承継税制の的確な対応は、税理士業務の内でも難しい業務の一つとされており、税理士の中でも相続税を専門に扱い多くの経験を有する税理士や税理士法人に依頼することをお勧めします。売上10億円以上の非上場会社の株式を所有されている方、相続対象の財産が多種、多数、多額になる方、所有不動産の価値が高い方は、相続税の専門家の利用を強くお勧めします。

父親が何の準備もせずに亡くなり、簡単に売却できない非上場会社の株式が遺産として残り、その評価が５億円、10億円になったりすると、残された相続人が、遺産の預金や現金に加えて資金化できる不動産などを処分しても相続税を払いきれないという不幸な状況が生じることとなります。

「準備は神なり」です。相続前の準備を怠らないようにしてください。

３　会社を残すか否か

父親が経営している会社を残すか否かは、重要な決定事項です。

会社が赤字傾向にあり、今後も収益回復が見込めない場合、事業継続に多額の設備投資などの資金が必要で、資金の調達、返済が困難である場合、技術の伝承ができていないためキーマンである職人の退職後は、事業継続が難しい場合、事業としては黒字であるが、会社を引き継ぐ人材が親族や従業員におらず事業の継続ができない場合などは、会社の清算や会社の譲渡を考えてゆく必要があります。この場合、後述しますが、父親の保証債務の内容を確認し、必要があれば生前に保証債務を削減することが必要です。

４　父親のハッピー・リタイアメント・ストーリー

ご家族としては、会社経営をしている父親のハッピー・リタイアメントの道を一緒に考える必要があります。父親のハッピー・リタイアメント・ストーリーを考えてみましょう。

ストーリーその１は、会社を丸ごと第三者に良い値段で売却して、老後の生活資金や余裕資金を獲得する道です。非常にすっきりしていて、誰にも迷惑をかけないハッピー・リタイアメント・ストーリーです。

ストーリーその２は、会社を子どもや従業員に事業を承継してもらい、自身は経営の第一線から身を退き、相当額の役員退職慰労金の支払いを受けて、老後の資金を確保しつつ、顧問などで残り、会社から顧問料の支払を長期間にわたって受けるというストーリーも悪くありません。経営の第一線から退くものの平の役員として残り、役員報酬を確保しつつ安定した老後を送る道もあります。

父親が最高のハッピー・リタイアメントをするには、会社の収益力を向上させる努力、いわゆる事業の磨き込みが必要です。家族として事業にかかわっているときは、事業の磨き込みに協力し、事業の承継が実現できれば、家族にとってもハッピーなストーリーでしょう。

ストーリーその３は、会社が赤字ないし収支トントンの状態でも、会社資産を売却して、金融機関などからの債務をすべて返済し、従業員の退職金など支払い、現金が残る状況であれば、誰にも迷惑をかけずに会社を清算し退任することができます。自己資産に食い込まず会社が清算できれば、残った個人の手持ち資産や自宅、年金などで安心した老後が送れると思います。

ここまでは、ハッピー・リタイアメントといえそうです。いい換えると、会社が資産超過のうちに会社をたためれば、ハッピー・リタイアメントができるということです。少なくとも会社の資産と父親が所有している資産で、会社の清算ができれば、ぎりぎり他人に迷惑をかけずにリタイアメントができるといえるでしょう。

5　会社が債務超過の時のハッピー・リタイアメント

最後に、父親の会社が債務超過の場合のハッピー・リタイアメントの方法を考えてみたいと思います。

会社が債務超過の場合は、私的整理の手続や法的整理の手続を活用して、債務を削減して会社を再生させることができます。中小企業が活用し易い私的整理の手続として、中小企業再生支援協議会のスキーム、法的整理の手続として、民事再生手続があります。

父親経営の会社について、これらの手続を活用して、スポンサーに事業を承継してもらっての再生、自力による再生を試みることとなります。再生を図ることができれば、従業員の雇用も守れますし、事業を残すこともできます。債権カットの場合は、経営責任をまぬがれられませんので、退任を求められる場合もありますが、私財提供などをして一定の経営責任を果たして経営を継続できるケースもあります。

６　父親の保証債務の処理

経営者の方が金融機関に対し会社の債務について保証しているケースでは、上記の会社の再生と合わせて、「経営者保証ガイドライン」の手続を活用して、金融機関の合意を得て、華美でない自宅と300万円ないし400万円を超えない範囲での資産を残し、それ以外の私財で金融機関の債務を弁済し、その余の保証債務も免除してもらうことができます。経営者保証ガイドラインは、再生手続の場合だけでなく、会社の破産手続きや特別清算手続の場合にも使うことができます。

このように、債務超過の会社の再生や清算を行うとともに、経営者保証ガイドラインを活用して保証債務を整理できれば、父親は、自宅と若干の財産を残しつつ、保証債務の弁済に苦しむことなく、老後の人生を気楽な気持ちで過ごすことができるでしょう。

また、相続人も父親の保証債務がなくなりますので、不安なく相続ができるようになります。

７　個別の遺産を誰に取得させるかを決めて争いごとを残さない

会社の承継、譲渡、再生、清算などの処理と父親の保証債務の処理が終われば、残った財産を誰に相続させるのかの問題が残ります。

長寿社会になってきましたので、配偶者の老後の生活費や介護費用に対する配慮、子どもや孫に対する支援など、死後親族間で遺産に関し争いが起きないように、遺言書の作成をお勧めします。ケースによっては、家族信託の利用、生前贈与の利用なども検討されると良いでしょう。

Q41　会社経営をしていた父が、資産負債を整理する前に突然他界してしまいました。どのように相続財産を調査すれば良いでしょうか。

◆遺言書の調査
◆不動産の調査
◆現金・預貯金の調査
◆生命保険の調査
◆株式の調査
◆貸付債権・借入債務の調査

A　本来であれば、被相続人において生前に財産目録を作成していることが好ましいです。しかし、実際には生前からそのような財産目録を作成している人は多くありません。そこで、財産目録がない場合、どのように被相続人の財産を調査するべきでしょうか。

1　遺言書の調査

相続人にとって、相続財産調査と並行して、被相続人において遺言書が存在するかどうかを調査することが重要です。なぜなら被相続人による遺言が存在する場合、その遺言によって受遺者と指定された者に相続財産が帰属することになります。万が一、共同相続人の遺産分割協議により相続財産についてその帰属先が決定した後に、遺言書及び相続人以外の受遺者の存在が判明するようなことがあれば、その協議が徒労に帰することになってしまいます。そこで、相続人としては、まず遺言書が存在するか調査するべきです。

現在、日本公証人連合会では、1989 年以降の全国の公正証書遺言をデータ化して管理しています。公正証書遺言に関しては、相続人又は受遺者等の法律上の利害関係を有する者であれば、全国の公証役場の窓口にて、公正証書遺言の有無やそれを保管している公証役場等を照会することができます。もっとも遺言者が生存しているうちは、遺言者本人しか照会を行うことができません。

他方、自筆証書遺言等は、これまで公正証書遺言のようにその存在の有無を確認する手段は存在しておらず、相続人としては、被相続人が自筆証書遺言作成していたならば被相続人が保管すると考えられる場所、自宅等はもちろんのこと金融機関の貸金庫等を調査するしかありませんでした。しかし、相続法改正と共に法務局における遺言書の保管等に関する法律が制定されたことに伴い、令和２年７月10日の施行後、遺言者が、遺言保管所である法務局に保管申請することで、自筆証書遺言の保管が可能になります。相続人等が、保管された自筆証書遺言に関して遺言保管ファイルに記録されている事項を証明した書面である遺言書情報証明書を、遺言者の死亡後、法務局に対し交付請求することができます。もっとも当該制度は自筆証書遺言の内容の正確性や遺言能力等の遺言の有効性を担保するものではありませんので注意が必要です。

２　不動産の調査

遺言の有無を調査したならば、次は相続財産を調査していくことになります。まず不動産の調査方法について解説します。

(1)　登記事項証明書

登記事項証明書は、不動産の所在、種類、面積、所有者の住所及び氏名、権利変動等を記録し、これら不動産基礎情報や権利関係を公示するものです。

また、不動産が複数の者に共有されているときは、他の共有者や自身の持分についても登記事項証明書により確認することが可能です。

これを入手するためには、その不動産の地番又は家屋番号の情報が必要になります。もっとも住居表示が判明している場合には、図書館や法務局に備え付けられているブルーマップにより、住居表示から地番を確認することが可能です。

登記事項証明書は、法務局の登記部門窓口又は郵送による交付申請のみならず、オンラインによる交付申請によっても入手できます。

(2)　固定資産税納付通知書

固定資産税納付通知書とは、納税義務者が市区町村内に所有する不動産に関する情報が記載されている書類であり、当該通知書を確認すれば、被相続人の市区町村内の不動産は概ね確認することが可能です。もっとも、当該通知書は毎年1月1日現在の登記情報に基づき作成されているため、1月1日以降から相続開始に至るまでに不動産について新たな権利変動があった場合には、それに関する情報は当該通知書には記載されることはありません。新たな権利変動が生じているおそれがある場合は、別途調査を行うべきでしょう。

また、共有不動産については、共有者の代表者1人にのみ通知書を送付することもあるため、注意が必要です。

当該通知書は、市区町村より、その範囲内に存する不動産の所有権登記名義人に1年に一度郵送されているため、相続人にとって比較的調査は容易です。

(3)　名寄帳

名寄帳によっても不動産を調査することができます。名寄帳は、納税義務者が市区町村内に所有する不動産に関する所有者ごとの一覧表であり、非課税不動産に関する情報が記載されている点で納税通知書と異なります。

なお名寄帳は、不動産の所在地である市区町村内に対し、交付請求することにより入手できます。

3　現金・預貯金の調査

(1)　現金

現金調査にあたっては、死亡時の有り高を調査することはもちろんですが、例えば生前の被相続人による不動産売却で多額の収入があったにもかかわらず、預貯金に反映されていない使途不明金や預貯金から払い戻された現金の存在を確認することも必要です。

（2）　預貯金

預貯金については、預貯金通帳等の存在により被相続人が取引をしていた金融機関が判明している場合、当該金融機関に対し、口座の有無・内容の開示を請求することになります。この際、当該金融機関に存在する被相続人の口座は一つとは限らないので、注意が必要です。口座の有無等を確認するにあたっては、必ずしも取引支店でなくとも、当該金融機関の支店であればどこでも確認することができます。

被相続人と取引のあった金融機関が不明である場合、被相続人と取引のあった可能性のある金融機関（被相続人住所の近隣の銀行等）にて、被相続人名義の口座の有無等を調査することになります。

また、相続人は口座の有無等を確認するだけではなく、残高証明書と取引履歴を金融機関より交付してもらうとよいでしょう。

残高証明書は、金融機関の窓口にて交付請求をすることができます。

取引履歴は、預貯金通帳だけではさかのぼって調査することができなかった取引状況を調査することができ、被相続人による生前の預貯金の払戻し状況等も知ることができます。取引履歴についても、金融機関の窓口にて交付請求することが可能です。

4　生命保険の調査

生命保険の有無は、保険に関する書類の存在が確認できれば、一番手っ取り早く調査できます。しかし、当該書類は、被相続人の死亡時において所在が不明になっていることが多く、そのようなときには、預貯金通帳により保険料の支払いがなされていないかを確認する必要があります。

5　株式の調査

（1）　上場株式

被相続人が、証券会社等に口座を有していた場合、当該証券会社等から被相続人に対し、特定口座年間取引報告書等が送付されているはずです。当該報告書を確認することができれば、被相続人が有していた口座等に関する情報を得ることができます。この情報をもとに、証券会社等に残高証明書の交付請求をすることになります。

万が一、被相続人が取引をしていた証券会社が不明な場合には、証券保管振替機構（ほふり）に対し、登録済加入者情報の開示を請求することが考えられます。ほふりは、証券会社等から預けられた投資家の株式等を集中保管している機関であり、そのほふりに開示請求をすることで、加盟している証券会社等と被相続人が取引をしていた場合、その証券会社等の情報が開示されます。これをもとに当該証券会社に対して残高証明書の交付請求をすることになります。

(2)　非上場株式

非上場株式に関する調査方法は、上場株式とは異なり、証券会社等を利用していないため、それらに対する調査は無意味です。非上場株式発行会社に株主名簿があれば、それを確認することが有用です。被相続人が、その経営していた会社の株式をどのくらい所持していたかについて調査する場合も株主名簿が有用です。株主名簿以外にも法人税の確定申告書内の記載から当該会社の株主を知ることができますので、それを利用してもよいでしょう。

6　貸付債権・借入債務の調査

経営者であった被相続人が有していた会社に対する貸付債権及び借入債務については、当事者間で作成した金銭消費貸借契約書が存在すれば、その調査は容易です。もっとも会社とその経営者であった被相続人の間で、当該契約書が作成されていないこともよくあります。その場合には、会社に対して、被相続人との間で取引関係があったかを問い合わせ、金銭消費貸借契約書の閲覧等させてもらうとよいでしょう。その他、被相続人の預貯金通帳や取引履歴内の金銭の動きから被相続人の取引関係を調査するという方法も考えられます。

被相続人が会社の経営者であった場合、会社が金融機関に対して有する借入債務について、被相続人は保証人の地位にあり、金融機関に対して保証債務を有していることがあります。そのような被相続人の地位を承継する相続人は当該保証債務を相続することになるため、その有無を調査する必要があります。相続人としては、前記同様、保証契約書の有無の確認、会社への問い合わせにより調査するのがよいでしょう。

他方、金融機関からの借入については、信用情報機関に対して情報の開示を求めることになるでしょう。信用情報機関として、株式会社シー・アイ・シー（CIC）、株式会社日本信用情報機構（JICC）、一般社団法人全国銀行協会（JBA）があります。

相続人としては、金融機関の貸付けに関する情報を有している各信用情報機関に情報の開示を求めることにより、被相続人が各信用情報機関に加盟する金融機関に対し借入債務を有していたかを確認することができます。

Q42 相続には、単純承認のほかに限定承認と相続放棄という方法があることを聞きました。それぞれの違いについて教えてください。

◆総論
◆熟慮期間
◆単純承認・法定単純承認
◆限定承認
◆相続放棄
◆承認・放棄の撤回・取消・無効

A

1　総論

現行民法においては、相続人が相続開始を知ったか否か、相続する意思があるか否かを問わず、相続財産は、相続開始とともに直ちに相続人に帰属するとされています（民法896条）。

その一方で、民法は、私的自治の原則に基づき、相続人に対して、相続財産を承継するか否かを選択する自由を保障しています。

具体的には、相続人は、一定の期間内に、相続財産を全面的に承継するか（単純承認）、相続債務について、相続した積極財産の限度においてのみ責任を負うこととするか（限定承認）、相続財産を全面的に承継しないか（相続放棄）を選択することができます。以下において、これらの制度及びこれらの手続を選択する期間（熟慮期間）について説明します。

2　熟慮期間

相続人は、自己のために相続の開始があったことを知った時から３か月以内に、単純承認若しくは限定承認または相続放棄する必要があり（民法915条１項本文）、この期間を熟慮期間といいます。

相続の選択をするためには、相続人が相続財産の状況を調査して、被相続人の財産状況を正確に把握する必要があります。そこで、民法は、相続人のために、「自己のために相続の開始があったことを知ったときから３か月」の期間を与えました。熟慮期間内に意思表示がされない場合には、単純承認したものとみなされます（民法 921 条１項２号）。

「自己のために相続の開始があったことを知った時」とは、相続開始の原因事実及びそれによって自分が相続人となったことを知った時をいいます（大決大正 15 年８月３日民集５巻 679 頁）。相続人が複数いる場合、熟慮期間は、相続人ごとに進行するため、熟慮期間が経過した相続人は、他の共同相続人の熟慮期間がまだ経過していないとしても、相続放棄をすることはできません（最判昭和 51 年７月１日家月 29 巻２号 91 頁）。

熟慮期間は、利害関係人または検察官の請求により、家庭裁判所において伸長することができます（民法 915 条１項但書）。利害関係人には、各共同相続人も含まれます。

３　単純承認・法定単純承認

単純承認とは、無制限に被相続人の権利義務を承継することを内容とする相続人の意思表示です（民法 920 条）。相続人は、この意思表示をすることにより、被相続人の一切の権利義務を確定的に承継します。

また、一定の事由が存在するために単純承認したものとみなされる場合があります（民法 921 条）。これを法定単純承認といいます。

法定単純承認が認められる類型は、以下の３つです。

①　相続財産の全部または一部の処分

熟慮期間経過前であっても、限定承認や相続放棄をする前に、相続人が相続財産を処分した場合、単純承認したものとみなされます（民法 921 条１項本文）。

「処分」とは、財産の現状、性質を変じる行為をいい、法律行為（遺産の売却・贈与等）に限らず、事実行為（家屋の取り壊し等）も含まれます。もっとも、保存行為及び民法 602 条に定められている賃貸借をすることは、処分に該当しません（民法 921 条１項但書）。

相続人が相続開始の事実を知らずに処分を行ったときは、相続人に単純承認の意思があったと認めることはできません。処分行為があったと評価されるためには、相続人が相続開始の事実及び自己が相続人であることを知って行ったか、または、被相続人の死亡を確実に予想しながら、あえてその処分を行ったことを要するとされています（最判昭和 42 年４月 27 日民集 21 巻３号 741 頁）。

② 熟慮期間の徒過

相続人が限定承認や相続放棄をしないまま熟慮期間が経過したときは、単純承認したものとみなされます（民法 921 条２項）。

③ 背信行為

限定承認や相続放棄をした後でも、相続人が、相続財産の全部または一部について、隠匿、私に消費し（相続債権者の不利になることを承知の上で消費することを意味します。）、または限定承認において、悪意でこれを相続財産の目録中に記載しなかった場合も、単純承認したものとみなされます（民法 921 条３項）。

4 限定承認

限定承認とは、相続によって得た財産の限度においてのみ被相続人の債務及び遺贈を弁済すべきことを留保して相続を承認する旨の意思表示をいい（民法 922 条）、家庭裁判所に申述する方法により行います。

限定承認をすることによって、相続人は、被相続人の一切の権利義務を承継しますが、相続債務及び遺贈については、相続財産中の積極財産の限度においてのみ弁済すればよいことになります。相続財産が複雑で計算をしてみなければ債務超過であるか否かが判然としない場合や、債務を清算した後に積極財産が残る場合には承継したいと考える相続人にとって、有効な選択肢となります。

限定承認は、熟慮期間内に、相続財産の目録を作成してこれを家庭裁判所に提出して申述して行います（民法 924 条）。共同相続人がいる場合には、共同相続人全員で共同して行う必要があり、相続放棄をした方がいる場合、相続放棄者を除いた全員で申述して行います。

限定承認者は、限定承認をした５日以内に、すべての債権者及び受遺者に対して、限定承認をしたこと及び２か月を下らない一定期間内に請求の申出をすべき旨の公告を行う必要があります（民法927条１項）。

なお、共同相続の場合は、共同相続人の中から相続財産管理人が選任された後、10日以内に公告を行う必要があります（民法936条３項後段）。

公告期間満了後に、限定承認者は、相続財産から、租税債権者等の優先債権者に弁済した後、残額について請求の申出をした相続債権者及び相続人にて把握している相続債権者に対して、各相続債権者の債権割合に応じて弁済をします（民法929条）。そして、受遺者に対する弁済は、これらの相続債権者に対する弁済を行った後でなければ行うことができません（民法931条）。

弁済の順序に関する規定に違反して相続債権者や受遺者に弁済したことにより、他の相続債権者や受遺者に弁済することができなくなった場合、限定承認者は、他の相続債権者や受遺者に対して、損害賠償責任を負います（民法934条１項）。また、他の相続債権者や受遺者は、これらの規定に違反することを知って弁済を受けた相続債権者や受遺者に対して求償を求めることができます（民法934条２項）。

限定承認において、不動産の売却等相続財産の換価が必要なときは、不当廉価による換価を避けるため、競売に付すことが原則とされています（民法932条）。しかし、本条に違反して任意売却を行っても、売却の効力は有効であり、売却によって相続債権者及び受遺者に対して損害が生じた場合には、限定承認者が損害賠償責任を負うにすぎないと解されています。

5　相続放棄

相続放棄とは、相続開始により生じた相続の効果を、確定的に消滅させる意思表示をいい（民法 939 条)、家庭裁判所に申述する方法により行います。

相続放棄の対象は、被相続人から相続する一切の財産であり、一部のみ相続し、その他の財産は放棄することや、条件・期限付の放棄をすることはできません。

相続放棄をした者は、その相続に関しては、初めから相続人にならなかったものとみなされますが（民法 939 条)、放棄後も、新たに相続人となった者が相続財産の管理を始めることができるまでの間、自己の財産に対するのと同一の注意をもって、相続財産の管理を継続する必要があります（民法 940 条 1 項)。

この相続放棄の効果は、絶対的であり、何人に対しても登記等の対抗要件なく主張することができます（最判昭和 42 年 1 月 20 日民集 21 巻 1 号 16 頁)。

6　承認・放棄の撤回・取消・無効

一度した承認・放棄は、たとえ熟慮期間が残っていたとしても、撤回することができません（民法 919 条 1 項)。したがって、承認・放棄をするか否かの決定は、慎重に行う必要があります。

相続の承認・放棄は意思表示により行うことから、意思表示に瑕疵があれば、取消・無効を主張することができます。

取消しの主張をする場合は、家庭裁判所に対して相続放棄や限定承認の取消しを申述する必要があります（民法 919 条 4 項)。無効の主張については、同項で対象とされていないことから、家庭裁判所に申述する必要はないと解されています。

Q43　会社を継ぐ長男は、父に留学させてもらい、自宅も建ててもらっています。このような場合、特別受益という制度があると聞きました。特別受益について教えてください。

◆特別受益は、相続人間の公平を図る制度です。
◆生前に被相続人から受けた多額の援助は、相続分の前渡しとして、遺産分割の際に評価される可能性があります。

A

1　特別受益とは

各相続人の相続分は、基本的には、相続開始時（被相続人の死亡時）の被相続人の財産を基準に算定されます。

しかし、この基準のみによると、例えば被相続人が生前に一部の相続人に対し、多額の贈与をしていた場合には、相続人間の公平を害することになります。

そのため、相続人間の公平を図る必要から、こうした贈与（特別受益といいます。）を実質的な相続分の前渡しと評価し、遺産分割では、特別受益分を差引いて相続分を算定することがあります。

2　被相続人に留学させてもらったことや自宅を建ててもらったことが特別受益になるのか

(1)　被相続人が特定の相続人に経済的援助をしていた場合の考え方

被相続人から経済的援助を得ていれば直ちに、この利益が特別受益に該当するわけではありません。親族間では、扶養義務があるからです。

すなわち、特別受益に該当するか否かは、対象となっている利益が、被相続人の経済状況に照らして、親族間の扶養義務の範囲内にあるか否かが重要な要素になってきます。

また、特別受益の制度は、相続人間の公平を図るための制度です。そのため、扶養義務の範囲を超えている場合でも、他の相続人も同様の利益を被相続人から得ている場合には、特別受益を考慮する必要は低いといえます。つまり、対象となっている利益を、他の相続人も得ているか否かも重要な要素になると考えられます。

以上をまとめますと、被相続人が特定の相続人に対して経済的援助をしていた場合、①その相続人が受けた利益の程度、②他の相続人が被相続人から受けた利益の程度の２点が、特別受益に該当するかの重要な判断要素となると考えられます。

(2)　被相続人に留学させてもらっていたことについて

遺産分割事件を専門的に取り扱う東京家庭裁判所家事第５部が特別受益の主張をする当事者向けに作成した資料（小田正二ほか「東京家庭裁判所家事第５部における遺産分割事件の運用」判タ 1418 号 32 頁（2016 年））によれば、留学費用は、親としての扶養の範囲内といえる場合や、共同相続人の全員が同程度の教育を受けている場合には、特別受益に該当しないとされています。

(3)　被相続人に自宅を建ててもらったことについて

上記（2）記載の資料によれば、居住用の不動産の贈与やその取得のための金銭の贈与は特別受益に該当するとしています。

Q44 特別受益にあたるような場合であっても、持戻しの免除によって、特別受益とならないと聞きました。また、2018 年（平成 30 年）の改正によって、持戻しの免除についても改正されたと聞きました。持戻しの免除の内容と改正について教えてください。

◆特別受益の持戻しは、被相続人の明示ないし黙示の意思表示で免除することができます。

◆相続法改正により、婚姻期間が 20 年以上である夫婦の一方である被相続人が、他の一方に対し、その居住の用に供する建物又はその敷地（配偶者居住権を含みます。）について遺贈又は贈与をしたときは、持戻しの免除の意思表示をしたものと推定されることとなりました。

A

1　特別受益の持戻しとその免除

（1）　特別受益の持戻し

相続財産の前渡しとなる「特別受益」については、「持戻し」として概ね以下の処理を行います（民法 903 条１項）。

①特別受益のうち贈与の価額を、相続財産の価額に加算したものを相続財産とみなし（みなし相続財産）、これに基づいて、各共同相続人の相続分（一応の相続分）を算出する。

②特別受益を受けた相続人の一応の相続分から、特別受益の価額を控除し、その残額を具体的相続分とする。

（2）　特別受益の持戻し免除

特別受益の持戻しについては、被相続人の意思表示によって、免除することができます（民法 903 条３項）。これは、もともと、特別受益が、被相続人の意思による財産処分であることから、特定の相続人への贈与について相続分とは別枠で贈与するという、被相続人の意思による持戻しの免除を認めるものです。持戻し免除がなされれば、上記（1）①②の処理は行わないこととなります。

この持戻し免除の意思表示に特別の方式は要求されておらず、明示でも黙示でもよいとされております。また、生前行為によるものでも、遺言によるものでもよいとされており、被相続人の最終意思の尊重という観点から、自由に撤回することができるとされております。

なお、相続法改正により、「遺留分に関する規定に違反しない程度で、その効力を有する」という文言が削除されました（改正民法 903 条３項）。もともと、相続法改正前の裁判例（最決平成 24 年 1 月 26 日金法 1947 号 108 頁）において、特別受益となる生前贈与について持戻し免除の意思表示がなされた場合でも、当該生前贈与は遺留分算定の基礎となる財産への算入の対象となるものとされており、この規律は改正相続法においても維持されます。一方、同裁判例において、当該持戻し免除の意思表示は、（当該生前贈与に対する減殺に先立って）独立して遺留分減殺の対象になり、遺留分を侵害する限度で失効するものとされておりましたが、改正相続法において遺留分減殺請求は廃止され遺留分侵害額請求に改められたことから、このように失効することはなくなりました。

2　持戻し免除の意思表示の推定規定

（1）　持戻し免除の意思表示の推定規定（新設）

相続法改正により、婚姻期間が 20 年以上である夫婦の一方である被相続人が、他の一方に対し、その居住の用に供する建物又はその敷地について遺贈又は贈与をしたときは、持戻しの免除の意思表示をしたものと推定されることとなりました（改正民法 903 条４項）。これは、配偶者居住権の遺贈にも準用されております（改正民法 1028 条３項）。

贈与の対象となる居住用不動産は、長期間にわたる夫婦の協力のもとで形成された財産であり、相手方配偶者の老後の生活保障を意図して贈与されるものであるため、持戻し計算の対象としないのが、通常の被相続人の一般的な意思に合致するものと思われます。また、高齢化社会の進展等の社会情勢に鑑み、配偶者の死亡により残された他方配偶者の生活に配慮する必要性が認められるところ、贈与税の特例（相続税法 21 条の６第１項では、婚姻期間 20 年以上の夫婦の間で、居住用不動産又は居住用不動産を取得するための金銭の贈与が行われた場合に、贈与税について、最高 2000 万円まで課税価格の控除の対象とされます。）の対象と重なる長期間の婚姻関係にあった配偶者間の居住用不動産の贈与につき、民法上でも配偶者の生活保障をより厚くすることが望ましいと考えられました（法務省民事局参事官室「中間試案後に追加された民法（相続関係）等の改正に関する試案（追加試案）の補足説明」（以下「追加試案補足説明」といいます。）４～８頁参照）。

（2）　規定の内容

ア　「婚姻期間が 20 年以上」とは

必ずしも明らかにはされておりませんが、条文の文言と本規定の趣旨からすると、贈与・遺贈（厳密には遺言書作成）の時点において、「婚姻期間が 20 年以上」であればよいものと考えられます。

仮に、夫婦が離婚して再婚した場合には、「婚姻期間」について、どのように算定すべきか問題となります。この点も、必ずしも明らかにされておりませんが、離婚から再婚までの期間については、計算から控除されるように思われます。なお、上記の相続税法 21 条の６第１項における婚姻期間の算定について、「当該期間中に当該居住用不動産又は金銭を取得した者が当該贈与をした者の配偶者でなかつた期間がある場合には、当該配偶者でなかつた期間を除く。」とされている点が参考になります（相続税法施行令４条の６第２項）。

なお、婚姻期間が 20 年未満の場合でも、婚姻期間が長期間にわたる場合に、持戻し免除の意思表示が事実上推認される可能性は、否定されておりません。

イ　いつの時点で「居住の用に供する」ものか

被相続人が贈与・遺贈した建物・敷地が「居住の用に供する」もの（居住用不動産）であるかどうかは、贈与・遺贈をした時点において判断するべきとされております。ただし、贈与・遺贈をした時点において、建物・敷地が現に居住の用に供されていなかったとしても、近い将来において居住の用に供する目的で贈与・遺贈をした場合には、改正民法903条4項の適用があると解釈できると考えられております（民法859条の3の解釈についても、現に居住の用に供していなくても、居住の用に供する予定があれば足りると解されております。）（追加試案補足説明9頁）。

なお、居住用不動産（A）を贈与した者が、転居し、さらに居住用不動産（B）を贈与したような場合には、先の贈与（Aの贈与）については、相手方配偶者の老後の生活保障という趣旨は撤回されたものと考えられ、明示又は黙示に持戻し免除しないという意思が認められている場合も多いとも解されております（追加試案補足説明9頁）。

ウ　推定規定であること

改正民法903条4項は、あくまで持戻し免除の意思表示の「推定」規定です。そのため、これに対しては反対事実、すなわち持戻し免除の意思表示の不存在を基礎づける事実を立証できれば、同法の推定を破ることも理論上は可能です。なお、そもそも被相続人が異なる意思を表示していた場合（黙示の意思表示も含みます。）には、本規定の適用がありません。

エ　居宅兼店舗等の贈与・遺贈の場合

居宅兼店舗等が贈与・遺贈の対象とされた場合、少なくとも居住用部分（居宅）については本規定の適用があると考えられますが、その余（店舗等）の部分については、（a）居住用部分について本規定の適用があることを前提に、その余の部分についても事実上の推定が働くと考えるか、（b）その余の部分については別途独立に持戻し免除の意思表示を検討することになるのか、といった点は、当該不動産の構造や形態、さらには被相続人の遺言の趣旨等によっても判断が異なり得るものと考えられます（追加試案補足説明8～9頁）。

※本稿の内容は、著者個人の見解であり、所属する組織の見解ではありません。

Q45　私は、父の生前から会社を継いで会社を成長させ、父を介護し、最後を看取りました。相続の段階になり、これまで何もしなかった兄弟から遺産の分割を請求されています。寄与分という制度があると聞きました。寄与分について教えてください。

◆寄与分の意義
◆寄与分の要件
◆寄与の態様
◆寄与分の決定
◆寄与分に基づく具体的相続分

A

１　寄与分の意義

相続人のうちに、被相続人が営む事業に従事し、その事業を発展させるなどして、被相続人の財産の維持・形成に特別の貢献をした者がいる場合に、そのような貢献をしていない他の共同相続人と均等に取り扱い、法定相続分どおりの分配を行うことは、共同相続人間の公平を失することになります。

そこで、相続財産の維持・形成に特別の寄与をした共同相続人に対して、法定相続分に、特別の寄与に相当する額を加えた財産の取得を認める寄与分という制度が定められました（民法904条の２）。

２　寄与分の要件

(1)　共同相続人が寄与をしたこと

寄与分が認められる主体は、「共同相続人」です。したがって、共同相続人以外の者がした寄与は、寄与分として評価されません。しかし、共同相続人の配偶者や子が、被相続人の財産の維持・増加に寄与した場合、これらの者の寄与が共同相続人の寄与と同視できる場合には、相続人の寄与分として考慮することも許されると解されています（東京高決

平成元年 12 月 28 日家月 42 巻 8 号 45 頁)。

代襲相続人は、代襲相続により被代襲者の相続人としての地位を包括的に承継することから、被代襲者の寄与分を主張することができます。

また、代襲相続人は、代襲原因発生前後にかかわらず、自己の寄与を寄与分として主張することができます。

相続放棄した者は、寄与分を主張することはできません。相続人の欠格事由がある者(民法 891 条)及び被相続人より相続人から廃除された者(民法 892 条、民法 893 条)も寄与分は認められません。

(2) 被相続人の財産の維持または増加

寄与分が認められるためには、寄与行為によって、被相続人の財産が維持・増加したことが必要です。また、寄与行為と財産の維持・増加との間に因果関係がなければなりません。例えば、共同相続人が被相続人を介護したことにより、看護費用による財産減少を防いだ場合などに、因果関係が認められます。

(3) 特別の寄与

「特別の寄与」であるか否かの判断においては、特別の貢献をしていること、共同相続人がその寄与に対する相応の対価や補償を得ていないこと(無償性)、継続性、専従性が求められます。特別の寄与と認められるために必要な貢献の程度は、被相続人と相続人の各身分関係により異なると考えられています。例えば、相続人の配偶者と子が同程度の家事労働による寄与をしたとしても、配偶者については夫婦間の協力扶助義務の範囲内と評価される一方で、親に対して一般的な扶養義務を負うにすぎない子については、特別な貢献と評価され、特別の寄与が認められる場合があります。

3 寄与の態様・評価方法

寄与の類型として、以下のものがあります。

(1) 被相続人の事業に関する労務の提供

被相続人が営む事業に対して無償で従事し、相続財産の維持・増加に寄与する類型です。

相続人が被相続人の事業に従事する場合、生活費等の金銭的給付を受けることが多いため、完全に無償で事業に従事する例は多くありません。そのため、この類型においては、金銭的給付が提供した労務の対価として十分でないときも、無償性が認められます。

被相続人本人に対して寄与を行う必要があるため、被相続人が経営する会社の事業に従事した場合は、原則として、被相続人の事業に関する労務提供にはならず、特別の寄与は認められません。例外的に、その会社が実質的に被相続人の個人企業であり、会社と被相続人が経済的に極めて密着した関係にあり、会社への援助と被相続人の資産の確保との間に明確な関連性があるといった事情がある場合には、寄与が認められるとする裁判例があります（高松高決平成８年10月４日家月49巻８号53頁）。

寄与額の評価は、寄与した相続人が通常得られたであろう報酬額から生活費相当額を控除し、それに寄与の期間を乗じる方法によります。

（2）　被相続人の事業に関する財産上の給付

被相続人や被相続人の事業に対して、財産上の給付や財産的な利益を提供して財産を維持・増加させる類型です。金銭の交付、物の所有権の移転、不動産を使用させること等が該当します。（1）と同じく、被相続人の営む会社への金銭出資などは、あくまで会社に対する貢献であるため寄与は認められず、実質的に被相続人の個人企業と認められる場合のみ、寄与が認められます。

寄与額の評価は、給付財産の相続開始時における価額を寄与分算定の基準とし、それに裁量割合を乗じて計算する方法によります。

（3）　被相続人の療養看護

被相続人の療養看護を行い、医療費・看護費用等の支出を避けることによって相続財産の維持に寄与する類型です。老親の介護をしたことをもって、特別の寄与を主張する例が多いです。病気療養中の被相続人を看護・介護することが前提とされているため、健常な被相続人に対する家事援助は寄与分の対象とはされません（大阪家審平成19年2月8日家月60巻9号110頁）。

この類型の寄与が認められる前提として、被相続人が療養看護を必要とする病状であったこと及び近親者による療養看護を必要としていることが求められます。したがって、被相続人が完全看護の病院に入院しているような場合には、寄与分は認められないことが多いです。

寄与額の評価は、報酬相当額に看護日数を乗じそれに裁量割合を乗じて計算する方法が一般的です。

(4)　被相続人の扶養

共同相続人のうちのある相続人が、被相続人を扶養し、被相続人がその出費を免れたために財産が維持される類型です。前提として、被相続人の扶養が必要であることが求められます。

寄与分が認められるためには、法律上の扶養義務がないのに被相続人を扶養した場合と、扶養義務のある者が、その分担義務の限度を超えて被相続人を扶養した場合のいずれかである必要があります。後者における分担義務は、他の共同相続人に同程度の扶養能力があると想定した場合に扶養者が本来負担すべきだった分担額が基準となります。

寄与額の評価は、被相続人の生活を維持するために相続人が負担した金額に裁量割合を乗じて計算する方法が一般的です。

(5)　財産管理

被相続人の財産を管理し、被相続人の財産の維持形成に寄与する類型です。被相続人所有不動産の公租公課負担や賃貸管理等がその例です。

寄与額の評価については、被相続人の所有する不動産の公租公課を負担した場合など、財産管理に要した金銭の出資が寄与行為である場合は、相続人が現実に負担した金額に裁量割合を乗じて計算する方法が一般的です。財産管理を第三者に委託する場合は、不動産管理会社の請費用などを基準に算出することがあります。

4　寄与分の決定

寄与分は、共同相続人の協議によって定めることが原則とされています。この協議は全相続人によって行われる必要があり、一部の相続人を除外してなされた協議は無効です。協議が整わないときや協議をすることができないときは、寄与をした者の申立に基づき、家庭裁判所の調停や審判で定められることとなります。このとき、家庭裁判所は、寄与の時期、方法及び程度、相続財産の額その他一切の事情を考慮して、寄与分を定めることとされています（民法 904 条の２第２項、家事別表第二 14 項)。寄与分の請求は遺産分割手続の中で行う必要があり、遺産分割後の寄与分の主張は原則として認められません。

5　寄与分に基づく具体的相続分

①みなし相続財産（相続開始時の相続財産の価額－寄与分額）×②各自の法定相続分により算出された具体的相続分額に寄与分額を加えた金額が③寄与相続人の実際の相続分となります。例えば、被相続人の遺産が１億円、配偶者、子が２名いて、子のうち１名に 5000 万円の寄与分が認められる場合、寄与相続人の具体的な相続分は、次のように計算します。

①　１億円－ 5000 万円＝ 5000 万円（みなし相続財産）

②　5000 万円× 1/2 × 1/2 ＝ 1250 万円（一般の具体的相続分）

③　1250 万円 +5000 万円＝ 6250 万円（寄与相続人の具体的相続分）

Q46　私は、会社経営者である義父の娘婿として、義父の会社に入り業績を拡大させて義父の財産形成にも貢献しましたが養子にはなりませんでした。2018年（平成30年）の改正で相続人以外にも寄与分が認められるようになったと聞きますので教えてください。

◆被相続人に対して無償で療養看護その他の労務の提供をしたことにより被相続人の財産の維持又は増加について特別の寄与をした被相続人の親族（相続人等を除きます。）は、相続人に対し、特別寄与料を請求できるようになりました。
◆特別寄与料と寄与分は、似ている点もありますが、別個の制度です。

A

1　特別寄与料とは

被相続人に対して無償で療養看護その他の労務の提供をしたことにより被相続人の財産の維持又は増加について特別の寄与をした被相続人の親族（①相続人、②相続放棄した者、③相続人の欠格事由に該当し又は④廃除によって相続権を失った者は除き、「特別寄与者」といいます。）は、相続の開始後、相続人に対し、特別寄与料の支払を請求することができます（改正民法1050条1項）。

もともと、民法（904条の2）において、「共同相続人中に、被相続人の事業に関する労務の提供又は財産上の給付、被相続人の療養看護その他の方法により被相続人の財産の維持又は増加について特別の寄与をした者があるとき」、当該相続人には寄与分が認められております。しかし、相続人以外の者、たとえば、相続人（本事例娘婿の妻）の配偶者（本事例娘婿）が、相続人の父（本事例義父）の財産の維持又は増加に寄与した場合、当該相続人の配偶者（娘婿）は、相続の中で寄与分を主張できません。そこで、裁判所は、この娘婿のような者を「相続人の補助者」と構成することで、相続人の寄与分の中で考慮する余地を認めてきました（東京高決平成元年12月28日家月42巻8号45頁、東京家審平成12年３月８日家月52巻８号35頁等)。もっとも、寄与行為を行った本人（娘婿）ではなく相続人（娘婿の妻）に寄与分を認める法的根拠が明らかでない、推定相続人（娘婿の妻）が被相続人（義父）よりも先に死亡した場合に当該推定相続人の配偶者（娘婿）の寄与分を考慮できない、などの指摘がなされてきました。

一方、相続人ではない者が被相続人の財産の維持や増加に貢献したという場合、財産法上の請求権（契約上の報酬請求権、事務管理に基づく費用償還請求権、不当利得返還請求権等）によって解決をすることも考えられます。しかし、こうした財産法上の解決が困難である場合もあり、被相続人の死後の相続の場面において、相続人でない者の相続人に対する請求権として構成して解決を志向することにも相応の合理性があるものとされました（法制審議会民法（相続関係）部会資料（以下「部会資料」といいます。）19-1・７～８頁)。

こういった経緯から、相続法改正においては、被相続人の財産の維持又は増加に貢献した者であって、相続人ではない者を救済するべく、特別寄与料が認められることとなりました。

２　規定の内容

(1)　特別寄与料と寄与分は別個の制度

特別寄与料は、寄与分と異なり、寄与が遺産分割手続の中で考慮されるというものではありません。特別寄与料は、遺産分割手続の外で行使される請求権であり、寄与分とは別個の制度です。

(2)　特別寄与料の法的な性質

特別寄与料の支払請求権は、協議、調停又は審判によって初めて形成されるものであり、協議、調停又は審判の前の段階では、特別寄与者に具体的な権利が認められるものではありません。したがって、そのような段階で、通常の民事事件として、特別の寄与の有無の確認請求や、相続人の特別寄与者に対する債務不存在の確認請求が認められる余地はないものと考えられます（部会資料22-2・35頁)。

(3)　特別寄与者

特別寄与者に該当し得る者は、被相続人の親族であって、上記１①～④に該当しない者です。②～④は、相続人になり得たがならなかった（又はなれなかった）者をあえてこの制度で救済する必要性は乏しいと考えられたことから、特別寄与者から除外されております（部会資料19－１・６頁）。なお、被相続人の親族に当たるか否かは、被相続人の相続開始時を基準として判断することが想定されております。

(4)　特別の寄与

特別寄与料（改正民法1050条１項）においては、寄与分（民法904条の２）と似た文言が用いられておりますが、寄与分と異なり、「財産上の給付」ではないこと、「無償」であることが求められます。

また、寄与分における「特別の寄与」は、寄与の程度が被相続人と相続人の身分関係に基づいて通常期待される程度の貢献（いわば「通常の寄与」）を超える高度なものであることを意味するのに対し、特別寄与料における「特別の寄与」は、「通常の寄与」との対比の観点から設けられた要件ではなく、貢献の程度が一定程度を超えることを要求する趣旨のものです（部会資料23－２・23頁）。

(5)　特別寄与料の請求

特別寄与料の成否及び金額については、特別寄与者と相続人との間の協議で決まります。

仮に当事者間で協議が調わないとき、又は協議をすることができないときには、特別寄与者は、家庭裁判所に対して協議に代わる処分を請求することができ（改正民法1050条２項本文)、まずは調停手続で合意を目指した話し合いを行い、調停が不成立の場合には審判手続が開始されます。この場合、家庭裁判所は、寄与の時期、方法及び程度、相続財産の額その他一切の事情を考慮して、特別寄与料の額を定めるものとされており（改正民法1050条３項）ます。

特別寄与料の額は、被相続人が相続開始の時において有した財産の価額から遺贈の価額を控除した残額を超えることができないものとされております（改正民法 1050 条４項）。

(6)　期間制限

特別寄与者が相続の開始及び相続人を知った時から６ヶ月を経過したとき、又は相続開始の時から１年を経過したときは、家庭裁判所に対して協議に代わる処分を請求することができません（改正民法 1050 条２項但書）。なお、「６ヶ月」は消滅時効期間、「１年」は除斥期間とされております（法務省民事局参事官室「民法（相続関係）等の改正に関する中間試案の補足説明」84 頁）。

特別寄与者として保護されるべき貢献の認められる者であれば、通常、相続の開始（被相続人の死亡）の事実を知り得ると考えられることから、このように短期間の制限を設けることが合理的であるとされました（部会資料 19－１・３頁以下）。

(7)　請求の相手方

特別寄与料の支払請求の相手方は相続人です（改正民法 1050 条１項）。仮に相続人が数人ある場合には、各相続人は、特別寄与料の額に 900 条から 902 条までの規定により算定した当該相続人の相続分（具体的相続分ではなく、法定相続分・指定相続分です。）を乗じた額を負担します（改正民法 1050 条５項）。

3　特別寄与者以外の貢献

特別寄与者となり得るのは、あくまで被相続人の親族のみに限られます。そのため、被相続人の内縁配偶者やパートナー等は、被相続人の親族ではなく、特別寄与者になり得ません。仮に、これらの者と被相続人との間に子がいた場合等には、「相続人の補助者」による貢献として、相続人（子等）の寄与分の中で考慮することも排除されるべきではないと思われます。そのような意味で、従前の「相続人の補助者」の議論は、相続法改正後もなお、検討されるべきであるといえます。

※本稿の内容は、著者個人の見解であり、所属する組織の見解ではありません。

Q47 会社経営をしていた父が亡くなって家族で協議しましたが、合意できそうにありません。相続の紛争解決の流れと方法について教えてください。

◆遺産分割調停の方法・手続等
◆遺産範囲の確定
◆遺産の評価算定
◆遺産分割の方法
◆遺産分割調停の終了
◆遺産分割審判

A

1　遺産分割調停の方法・手続等

共同相続人間で遺産分割に関して当事者による話し合いによる合意をすることが難しい場合の解決手段として、遺産分割調停があります（家事事件手続法244条）。遺産分割とは、被相続人が死亡時に有していた財産について、個々の相続財産を誰が取得するのかを共同相続人等の利害関係人間で調停の場で、裁判官・調停委員を介して話し合い、合意に至る手続です。本来的には遺産分割協議、いわば話し合いで解決することが好ましいことに間違いありません。しかし、どうしても共同相続人間で利益が衝突してしまい、遺産分割協議ではその解決を図ることが困難なことがあります。その場合には、家庭裁判所において、調停委員会という第三者機関が仲介する遺産分割調停という解決手段を選択することができます。以下遺産分割調停について、その方法・手続等を説明します。

(1)　当事者

共同相続人のみならず、包括受遺者と相続分譲受人も当事者となります。

（2）　進行の流れ

遺産分割調停では、遺言の有無、相続人の範囲や遺産の範囲等といった数多くの問題点を円滑に協議し解決するため、それらの問題点に順番を決め、それに従って遺産分割調停を進行する段階的進行方式を採用しており、具体的には以下のような順番で進行することが多いです。

①相続人の範囲確定
②遺言・遺産分割協議の有無
③遺産範囲の確定
④遺産の評価確定
⑤遺産総額・具体的相続分の確定
⑥具体的分割方法の確定

上記事項を調停において順番に解決していきます。もっとも①から③において争いが生じた場合には、調停内ではなく、訴訟手続で解決を図る必要があるため、調停は一度取り下げ、訴訟で確定させることになります。

2　遺産範囲の確定

遺産分割調停の対象となる遺産といえるためには、相続時のみならず遺産分割時にも存在している必要があります。遺産範囲の確定にあたって、よく取り上げられるのが、第三者の遺産分割前の預貯金払戻しによる使途不明金の扱いです。遺産分割前に被相続人の預貯金が無断で払戻しされていた場合、遺産分割時にはすでに預貯金は存在しないことになり、当然には遺産分割の対象になりません。しかし、相続開始後かつ遺産分割前の払戻しであれば、当事者全員の合意が存在する場合には、遺産分割において払戻金を遺産分割時に遺産として存在するものとみなすことができるとされています（民法906条の２第１項）。また、払戻しをした者が相続人である場合は、その者の同意は不要とも定められています（民法906条の２第２項）。もっともその同意を得ることができず、調停内で解決を図ることができなかった場合、払戻しをした者以外の者としては、当該払戻金について、訴訟手続による解決を図るしかありません。

3　遺産の評価算定

現物分割や代償分割については、遺産の評価算定を行わない限り、遺産の価値は判明せず、合理的な現物の分け方や代償額の決定をすることができないことから、遺産の評価算定は必要です。しかし、換価分割や共有分割では、遺産の評価算定をしなくても分割が可能ですので、評価算定は通常行われません。

（1）　基準時

遺産評価の基準時は原則遺産分割時とされています。基準時を相続時としてしまうと、相続から遺産分割までに相続財産の価値に変動が生じた場合、その変動分の価値を遺産分割に反映することができないからです。もっとも当事者が特別受益や寄与分を問題とするときは、相続開始時を基準としてみなし相続財産を算出するので、２時点評価、つまり遺産分割時と相続時の評価が必要になります。

（2）　評価算定の方法

不動産の評価については、固定資産税評価額、相続税評価額や不動産業者による査定書を参考にした合意によって決められることが多いです。しかし、合意により評価を決めることができなかった場合、不動産鑑定士の鑑定による評価算定を依頼することになります。この場合、鑑定費用が高額になることがあるため、注意が必要です。

非上場会社株式の評価算定については、純資産方式と類似業種比準方式という算定方法を参考に当事者間で合意がなされることが多いです。純資産方式とは、会社の総資産から負債を差し引いた純資産価額を株式数で除することにより株式の価値を算定する方法です。他方、類似業種比準方式とは、業種や規模等が類似する上場会社の株価等と比較して株式の価値を算定する方法です。

鑑定による非上場株式の評価算定も考えられなくはありませんが、不動産鑑定と同様、その鑑定費用は高額です。

4　遺産分割の方法

(1)　現物分割

現物分割は、現物それ自体を分割する方法です。しかし、不動産を現物分割するとなると、分筆等の手続が必要になり、隣地所有者の承認も得なければなりません。このように不動産の現物分割に関しては、手続が煩雑になることから、その方法が選択されることはそれほど多くはありません。

(2)　代償分割

代償分割とは、特定の当事者にその相続分を超えた相続財産を取得させることにより、それに代わり、他の当事者に対して代償金支払債務等を負担させる方法です。この方法においては、相続分を超えて相続財産を取得した当事者がその負担した代償金支払債務を履行することができるかが問題です。代償金の支払いを受ける当事者は事前に、預金残高証明書等の提示を求めることによりその支払能力の有無を調査するのがよいでしょう。預金残高証明書等の提示がないまま代償分割を行う場合には、相手方の無資力によるリスクがあることを念頭に置くべきです。

(3)　換価分割

換価分割とは、相続財産を換価し、それにより取得した金銭を当事者間で分配する方法です。換価方法としては、競売による売却や任意売却といった方法があるだけでなく、任意売却の実行について期限を設け、当該期限を経過した後は競売により売却するという換価形式も存在しており、実務においても採用されています。

(4)　共有分割

共有分割とは、その名のとおり、相続財産を当事者の共有の状態に置く方法をいいます。将来、共有状態を解消する必要性が生じた場合には、共同で共有物を売却して代金を分けたり、話し合いで共有物の分割を決めますが、話し合いで決まらないときは、共有物分割請求訴訟を提起することになります。

5　遺産分割調停の終了

調停において、当事者間の合意が成立し、これを調書に記載したときは、調停が成立します（家事事件手続法268条1項）。

他方、当事者間で合意が成立する見込みがない場合又は成立した合意が相当でないと認める場合には、調停が成立しないものとして、調停委員会は調停を終了させることができます（家事事件手続法272条1項）。調停が不成立で終了した場合、調停の申立てのときに遺産分割審判の申立てがあったものとみなされ（家事事件手続法272条4項）、それにより審判手続が開始することになります。

6　遺産分割審判

（1）　遺産分割調停が不成立により終了した場合、それにより当然に審判が開始することになるため、当事者による新たな申立てをする必要はありません。

（2）　遺産分割審判においては、その審判に必要な資料を収集するために、事実の調査（家事事件手続法56条1項）が行われます。事実の調査とは、職権による審判資料の収集であり、その収集態様は様々です。遺産分割事件に関する利害関係人に対する審問・文書の取調べ等はもちろんのこと、遺産分割調停において提出された資料についても、事実の調査を行うことができるとされています。また、事実の調査は、審判係属先の裁判所のみならず、他の家庭裁判所や簡易裁判所にも調査を嘱託することが可能です（家事事件手続法61条）

（3）　遺産分割審判における遺産分割方法についても、遺産分割調停と同様、現物分割、代償分割、換価分割、共有分割が存在します。しかし、遺産分割調停においては、当事者間の合意さえあればいかなる方法でも選択することができる点で柔軟な手続が可能であるのに対して、遺産分割審判では、基本的には以下の流れで遺産分割方法を検討していくことになります。まず原則的な遺産分割方法である現物分割を検討し、これが不可能であるなどといった特段の事情（家事事件手続法 195 条）が存在する場合には、代償分割の方法が採用されることになります。もっとも、代償分割についても選択困難である場合には換価分割が検討され、そして、それまで検討した方法がいずれも困難な場合には共有分割が検討されることになります。

（4）　家庭裁判所は、遺産分割審判においては、申立てが不適法であるとき又は申立てに理由がないことが明らかなときを除き、相当の猶予期間を置いて、審理を終結する日を定めなければならないとされており（家事事件手続法 71 条）、家庭裁判所は、審理を終結したときに、審判の日を定める必要があります（家事事件手続法 72 条）。もっとも遺産分割審判については、審判の日に審判をするだけでは、その審判は確定しません。遺産分割審判の当事者は即時抗告権を有するところ、その即時抗告権の行使期間である２週間を経過してはじめて確定するとされています（家事事件手続法 74 条２項ただし書、86 条１項）。

◆編集・執筆者一覧◆

■弁護士

センチュリー法律事務所

事業再生、事業承継、M&A（スポンサー選定、資金調達業務を含む）、高齢者法務（後見、財産管理、民事信託、相続・遺言等）を得意業務とする。

＜本書に関するご質問、ご相談＞

〒100-0004　東京都千代田区大手町1-7-2 東京サンケイビル25階

TEL：03-5204-1080／e-mail:info@century-law.com／URL: https://century-law.com/

住田　昌弘（すみた　まさひろ）代表パートナー

1979年弁護士登録。1984年住田昌弘法律事務所（現センチュリー法律事務所）設立。

1990年関東弁護士会連合会理事。1998年～1999年日本弁護士連合会常務理事。2002年～2004年株式会社整理回収機構常務執行役員。2003年～2005年事業再生実務家協会常務理事。2013年～事業再生実務家協会理事。2018年経営革新等支援機関認定。主な著書に、『蘇る会社経営　～事業再生から経営の本質を問う～』（クロスメディア・パブリッシング 2018）／『事業再生ADRの実務』（金融財政事情研究会、2011）。〔執筆 Q15、Q22（松岡税理士と共同執筆）、Q23、Q40／第1章リーダー、第4章リーダー〕

山﨑　健（やまざき　けん）パートナー

1995年弁護士登録、当事務所入所。2013年～2014年日本弁護士連合会人権調査室室長。2014年～2015年関東弁護士会常務理事。〔執筆 Q2、Q29〕

廣瀬　健一郎（ひろせ　けんいちろう）パートナー

1998年弁護士登録、当事務所入所。2008年～2009年日本弁護士連合会常務理事。2012年～2013年法友全期会代表幹事。〔執筆 Q5、Q27〕

野村　完（のむら　かん）パートナー

2001 年弁護士登録、当事務所入所。2003 年～豊島区社会福祉協議会専門相談委員。2012 年～2018 年 3 月大田区福祉オンブズマン。〔執筆 Q1、Q3、Q4〕

佐藤　宏和（さとう　ひろかず）パートナー

1993 年アプライドマテリアルズジャパン株式会社入社。1997 年ソフトバンク株式会社入社後、現 SBI ホールディングスの子会社社長、モバイル関連子会社 COO 等を歴任。2014 年弁護士登録、当事務所入所。2019 年税理士登録。〔執筆 Q14、Q17〕

水田　修義（みずた　のぶよし）ジュニアパートナー

2008 年弁護士登録、当事務所入所。〔執筆 Q34、Q35、Q36／第 3 章リーダー〕

杉田　昌平（すぎた　しょうへい）ジュニアパートナー

2011 年弁護士登録。2011 年～2014 年当事務所。2015 年～2017 年アンダーソン・毛利・友常法律事務所。2015 年～2017 年名古屋大学大学院法学研究科特任講師。2017 年～当事務所。〔執筆 Q7〕

小澤　亜季子（おざわ　あきこ）アソシエイト

2012 年弁護士登録、当事務所入所。2018 年社会保険労務士登録、経営革新等支援機関認定。〔執筆 Q6、Q8、Q13／第 5 章リーダー〕

北村　尚弘（きたむら　なおひろ）アソシエイト

2013 年弁護士登録、当事務所入所。〔執筆 Q9、Q16／第 2 章リーダー〕

皿谷　将（さらや　しょう）アソシエイト

2013 年弁護士登録、当事務所入所。2019 年～経済産業省中小企業庁（出向中）。〔執筆 Q18、Q19、Q38、Q44、Q46（右 Q の内容は、著者個人の見解であり、所属する組織の見解ではありません。）〕

鈴木　悠太（すずき　ゆうた）アソシエイト

2015年弁護士登録、ウカイ&パートナーズ法律事務所入所。2019年当事務所入所。〔執筆Q10、Q31〕

吉川　拓真（よしかわ　たくま）アソシエイト

2016年弁護士登録、当事務所入所。〔執筆Q12、Q37、Q42、Q45〕

野田　紘平（のだ　こうへい）アソシエイト

2017年弁護士登録、2018年当事務所入所。〔執筆Q11、Q32、Q33、Q39、Q43〕

小土井　慎吾（こどい　しんご）アソシエイト

2018年弁護士登録、2019年当事務所入所。〔執筆Q30、Q41、Q47〕

■税理士

松岡　章夫（まつおか　あきお）松岡・大江・伊勢税理士法人総括代表社員

大蔵省理財局、東京国税局税務相談室等を経て、平成5年国税庁資料調査課を最後に退職。平成7年税理士事務所開設、平成16・17・18年度税理士試験試験委員。他に東京地方裁判所所属民事調停委員、早稲田大学大学院（会計研究科）非常勤講師、東京国際大学大学院客員教授、認定経営革新等支援機関など。主な著書に、「平成31年版 図解事業承継税制」、平成16～31年度「税制改正早わかり」、「令和元年12月改訂 所得税・個人住民税ガイドブック」、「4訂版 不動産オーナーのための会社活用と税務」、「令和元9年版 Q&A219問 相続税 小規模宅地等の特例」（いずれも共著・大蔵財務協会刊）など。〔執筆Q20、Q21、Q22（住田弁護士と共同執筆）、Q24、Q26、Q28〕

■公認会計士

岡野　定一（おかの　ていいち）岡野定一会計事務所 代表

1996年に有限責任監査法人トーマツに入所。その後、デロイトトーマツファイナンシャルアドバイザリー合同会社を経て、2018年に会計事務所開設。公認会計士・税理士。〔執筆Q25〕

社長の“悩み”を解決！

家族経営の法律・税金Q&A

令和２年３月15日　第１刷発行

編集代表　弁護士 住田昌弘／税理士 松岡章夫

編　　集　センチュリー法律事務所

発　　行　株式会社ぎょうせい

〒136-8575　東京都江東区新木場１－18－11

電話　編集　03-6892-6508

営業　03-6892-6666

フリーコール　0120-953-431

URL：https://gyosei.jp

〈検印省略〉

印刷　ぎょうせいデジタル㈱

ISBN978-4-324-10801-7

(5108600-00-000)

〔略号：家族経営QA〕